La musique d'Espagne

Carl Van Vechten

Writat

Cette édition parue en 2024

ISBN : 9789359941233

Publié par
Writat
email : info@writat.com

Contenu

Préface

Lorsque l'essai principal de ce livre, « La musique et l'Espagne », parut pour la première fois, c'était, autant que j'ai pu le découvrir, le seul commentaire tentant de couvrir le sujet de manière générale dans une langue quelconque. Il conserve toujours cette distinction, je crois. Assez peu a été publié sur la musique espagnole en français ou en allemand, assez peu même en espagnol, pratiquement rien en anglais. On m'a donc insisté pour que sa réédition puisse rencontrer un certain succès. J'y ai consenti, même si personne ne peut être plus conscient de ses défauts que moi. Le sujet est totalement inclassable ; il n'existe actuellement aucun moyen sûr de déterminer les valeurs. Il est presque impossible d'entendre de la musique espagnole en dehors de l'Espagne ; pas facile même en Espagne, à moins de se contenter de zarzuelas. Pire encore, il est impossible d'en voir la majeure partie. De nombreuses partitions importantes restent inédites et nos marchands de musique ainsi que nos bibliothèques ne disposent pas d'une collection étendue de ce qui est publié. Dans ces circonstances, j'ai travaillé dans de grandes difficultés, mais mon enthousiasme n'a pas faibli pour autant. Mon objectif principal a été d'ouvrir les oreilles du monde à ces nouveaux sons, de susciter la curiosité envers la musique de la péninsule ibérique. Lorsque davantage de cette musique sera connue, il sera temps d'écrire une œuvre plus critique et plus complète.

Comme "Musique et Espagne" est imprimé à partir des planches originales, je n'ai apporté que de légères modifications typographiques au texte ; Certains d'entre eux sont cependant importants. Mais j'ai ajouté des notes très volumineuses reprenant des informations qui me sont parvenues depuis que j'ai écrit « La musique et l'Espagne ». Il contient de nombreux éléments nouveaux sur la danse espagnole et les compositeurs modernes et l'index permettra à chacun de trouver rapidement ce qu'il cherche. L'essai sur Carmen *a également été écrit pour ce livre et celui sur* Le Pays de la Joie *, étant tout à fait pertinent, j'ai tiré de "Le Manège". M. John Garrett Underhill a suggéré de nombreux changements et ajouts précieux et je lui suis profondément redevable.*

La préparation de ce livre m'a donné un intérêt extraordinaire et un véritable amour pour la péninsule ibérique. Si j'ai réussi à communiquer un peu de ce sentiment à mon lecteur, j'en serai content.

CARL VAN VECHTEN.

New York, 26 juin 1918.

L'Espagne et la musique

Il m'a parfois semblé qu'Oscar Hammerstein était doué d'une vision presque prophétique. C'est lui qui a imaginé la gloire de Times (anciennement Longacre) Square. Il construisit théâtre après théâtre dans ce qui était alors un quartier aride – et bientôt les foules et les hôtels affluèrent. Il prévoyait que l'opéra français, donné à la manière française, connaîtrait à nouveau du succès à New York, et il bouleversa les calculs de tous les sages en gagnant de l'argent même avec *Pelléas et Mélisande* , cette collaboration ésotérique de l'art belge et français, qui dans le La dernière partie de la saison 1907-1908 atteignit un record de sept représentations à l'Opéra de Manhattan, toutes devant un public aussi vaste et aussi dévoué que celui qui assiste aux fêtes sacrées de *Parsifal* à Bayreuth. Et il avait annoncé la présentation au cours de la saison 1908-1909 (et de nouveau la saison suivante) d'un opéra espagnol intitulé *La Dolores* . S'il avait réalisé son projet (pourquoi il a été abandonné, je ne l'ai jamais su ; les décors et les costumes étaient prêts), il se serait vu imposer un autre honneur , celui d'avoir participé auparavant à la production d'opéra espagnol moderne à New York, un honneur qui, dans ces circonstances, doit revenir à M. Gatti-Casazza. (À proprement parler, *Goyescas* ne fut pas le premier opéra espagnol donné à New York, même s'il fut le premier à être produit au Metropolitan Opera House. *Il Guarany* , d'Antonio Carlos Gomez, un Portugais né au Brésil, fut interprété par le "Compagnie du Grand Opéra de Milan" pendant une saison de trois semaines au Théâtre Star à l'automne 1884. Un air de cet opéra est encore dans le répertoire de nombreuses sopranos. Pour remonter encore plus loin, deux opéras de Manuel García, chantés. cours d'italien, *l'Amante Astuto* et *La Figlia dell'Aria* , furent joués au Théâtre du Parc en 1825 avec María García, qui deviendra plus tard la célèbre Mme Malibran , dans les rôles principaux . , qui gravitait du Park Theatre - pas le même édifice qui abritait la compagnie de García ! - à diverses salles de théâtre du Bowery, comprenait trois zarzuelas dans son répertoire . L'une d'elles, la populaire *La Gran Vía* , était annoncée pour être jouée, mais mes disques. sont stupides sur le sujet et je ne suis pas sûr qu'il ait été réellement donné. Il y a probablement d'autres cas.) M. Hammerstein avait déjà produit deux opéras *sur* l'Espagne lorsqu'il a ouvert son premier opéra de Manhattan sur le site aujourd'hui occupé par le grand magasin Macy's avec Moszkowski's. *Boabdil , rapidement suivi par le Fidelio* de Beethoven . La malagueña de *Boabdil* est toujours une favorite *morceau* avec des orchestres de restaurant, et je crois avoir entendu toute la suite de ballet interprétée par l'Orchestre de Chicago sous la direction de Theodore Thomas. La véritable occupation de New York par les Espagnols s'est cependant produite après la fin des brillantes saisons de M. Hammerstein, bien que la vogue antérieure de Carmencita, dont le célèbre portrait par Sargent à la Galerie Luxembourg à Paris conservera longtemps sa renommée, l' intérêt pour le très haut - les peintures colorées de Sorolla et Zuloaga, dont beaucoup sont encore exposées dans des galeries privées et publiques de New York, le succès obtenu ici, à des degrés divers, par des artistes chanteurs comme Emilio de Gogorza , Andrés de Segurola et Lucrezia Bori, les interprétations des œuvres pour piano d'Albéniz, Turina et Granados par des pianistes tels qu'Ernest Schelling, George Copeland et Leo Ornstein, et les étonnantes danses espagnoles d'Anna Pavlowa (qui, en les essayant, ne faisait que suivre les traces de ses grands prédécesseurs du XIXe siècle, Fanny Elssler et Taglioni), tous ont attisé les flammes.

L'hiver 1915-16 fut témoin de l'incendie espagnol. Enrique Granados, l'un des pianistes et compositeurs espagnols contemporains les plus distingués, un homme qui s'intéressait vivement à la survie et à l'utilisation artistique des formes nationales, est venu dans ce pays pour assister à la production de son opéra *Goyescas* , chanté en espagnol au Metropolitan Opera House pour la première fois au monde, et a également été entendu à plusieurs reprises ici en tant qu'interprète en tant que pianiste ; Pablo Casals, le violoncelliste espagnol, présentait fréquemment ses œuvres achevées, tout comme Miguel Llobet, le virtuose de la guitare ; La Argentina (Señora Paz d'Amérique du Sud) a exposé ses idées, quelque peu classiques, sur les danses espagnoles ; une soprano espagnole, María Barrientos, a fait ses débuts en Amérique du Nord et a justifié, dans une certaine mesure, les reportages extravagants qui avaient circulé sur son chant ; et enfin le décret de Paris (toujours en vigueur malgré l'absence signalée de Paul Poiret dans les tranchées) a amené toutes nos femmes au port des vêtements espagnols, des hip-hop de l'époque de Velasquez, des volants de dentelle de la duchesse d'Albe de Goya, et les mantilles, les peignes et les *accroche-coeurs* d'Espagne, d'Espagne, d'Espagne.... En outre il faut mentionner Mme. le brillant succès de Farrar, mérité dans une certaine mesure, dans le rôle de Carmen, à la fois dans l'opéra de Bizet et dans un film dramatique ; L'apparition du film de Miss Theda Bara dans le même rôle, réalisée avec une suggestion plus atmosphérique que celle de Mme. celui de Farrar, même s'il est moins efficace comme interprétation des humeurs de la fumeuse espagnole ; le burlesque excentrique de la même pièce de M. Charles Chaplin ; la présence continue à New York d'Andrés de Segurola comme chanteur d'opéra et de concert ; María Gay, qui a donné quelques représentations dans *Carmen* et d'autres opéras ; et Lucrezia Bori, même si elle n'a pas pu chanter pendant toute la saison en raison du résultat malheureux d'une opération aux cordes vocales ; à Chicago, Miss Supervia est apparue à l'opéra et Mme. Koutznezoff , le Russe, dansait les danses espagnoles ; et au Winter Garden de New York, Isabel Rodríguez est apparue dans des danses espagnoles qui transcendaient complètement l'environnement et rendaient cette scène aussi atmosphérique, pendant les quelques brefs instants où elle était occupée par sa beauté vraiment envoûtante, qu'une *maison de danse* à Séville. Le tango, lui aussi, sous une forme quelque peu modifiée, continuait d'intéresser les « danseurs de salon », dansés sur la musique fournie dans de nombreux cas par le señor Valverde, infatigable producteur d'airs populaires, dont certains ont une certaine valeur musicale en raison de leur étroite allégeance. aux danses et chants folkloriques d'Espagne. Dans le monde de l'art, on note un regain d'intérêt notable pour Goya et le Greco.

Mais si M. Gatti-Casazza, avec les meilleures intentions du monde, désirait profiter de cette *réclame* en produisant une série d'opéras espagnols au Metropolitan Opera House, disons quatre ou cinq de plus, il se retrouverait dans une situation difficile. difficulté. Où sont-elles? Plusieurs opéras d'Isaac Albéniz ont été joués à Londres et à Bruxelles au Théâtre de la Monnaie , mais seraient-ils appréciés ici ? Il y a l'œuvre monumentale de Felipe Pedrell , la trilogie *Los Pireneos* , qualifiée par Edouard Lopez-Chavarri de « l'œuvre la plus importante pour le théâtre écrite en Espagne » ; et il y a *La Dolores* susmentionnée . Pour le reste, il faudrait chercher parmi les zarzuelas ; et le Metropolitan Opera House serait-il un lieu approprié pour la production de cette forme d'opéra ? Il est en effet douteux que la zarzuela puisse prendre racine dans un théâtre de New York.

La vérité est qu'en Espagne les opéras italiens et allemands sont beaucoup plus populaires que les opéras espagnols, à l'exception toujours de la zarzuela ; et chez Señor Dans la série de concerts d'Arbós à l'Opéra Royal de Madrid, on entend plus Bach et Beethoven qu'Albéniz et Pedrell . Il y a un intérêt croissant pour la musique en Espagne et il semble qu'un jour ses compositeurs pourraient reprendre une place importante parmi les musiciens d'autres nationalités, place qu'ils occupaient fièrement aux XVIe et XVIIe siècles. Cependant, dès 1894, Louis Lombard écrivait dans ses "Observations d'un musicien" que l'harmonie n'était pas enseignée au Conservatoire de Málaga et que lors des exercices de clôture du Conservatoire de Barcelone, il avait entendu une pièce à quatre mains. arrangement de la marche *de Tannhäuser* interprété sur dix pianos par quarante mains ! Havelock Ellis (« L'âme de l'Espagne », 1909) affirme qu'un concert en Espagne fait bavarder le public. Ils ont un amour sauvage du bruit, les Espagnols, dit-il, qui les incite à la conversation. Albert Lavignac , dans "Musique et musiciens" (traduction de William Marchant), dit : "Nous avons laissé dans l'ombre l'école espagnole, qui, pour dire la vérité, n'existe pas". Mais si l'on lit ce que Lavignac dit de Moussorgski , on risque d'accorder peu de crédit à des généralités aussi extravagantes que celle qui vient d'être citée. Le paragraphe de Moussorgski est un joyau, et je ne suis que trop heureux de l'insérer ici pour le bien de ceux qui ne l'ont pas vu : « Un mélodiste charmant et fécond, qui compense son manque d'habileté en harmonisation par une audace, qui est parfois d'un goût douteux ; a produit des chansons, de la musique pour piano en petite quantité et un opéra, *Boris Godunow* . Dans le rapport des actes de la trente-quatrième session de la London Musical Association (1907-8), le Dr Thomas Lea Southgate se plaint à Sir George Grove du fait que sous « Écoles de composition » dans l'ancienne édition du Grove's Dictionary, L'école espagnole a été rejetée en vingt lignes. Sir George, dit-il, a répondu : « Eh bien, je l'ai donné à Rockstro parce que personne ne connaît rien à la musique espagnole. les premiers compositeurs religieux de la péninsule ibérique .

Ces questions seront discutées en temps utile. Entre- temps, cela m'a procuré un certain plaisir de dresser une liste (qui peut intéresser aussi bien le lecteur occasionnel que l'étudiant en musique) des compositions suggérées par l'Espagne aux compositeurs d'autres nationalités. (Cette liste n'est en aucun cas complète. Je n'ai pas tenté d'y inclure des œuvres qui ne sont pas plus ou moins familières au public d'aujourd'hui ; sans frontières, elle pourrait facilement être étendue en un petit volume.) Le répertoire du la salle de concert et l'opéra sont imprégnés de part en part de l'atmosphère espagnole et, dans l'ensemble, je dois dire que la meilleure musique espagnole n'a pas été écrite par des Espagnols, même si la majeure partie, comme la meilleure musique écrite en Espagne, est basée sur principalement au rythme des airs folkloriques, des danses et des chants. Parmi les pièces orchestrales, je crois devoir mettre en tête de liste la rhapsodie de Chabrier, *España* , une combinaison de tons aussi colorée et rythmée que l'auditeur d'un concert symphonique est souvent invité à entendre. Sa mélodie et son rythme dépendent de deux danses espagnoles, la jota, rapide et fougueuse, et la malagueña , lente et sensuelle. Ce sont de vrais airs espagnols ; Chabrier, dit-on, n'aurait inventé que le thème grossier donné aux trombones. La pièce a été écrite à l'origine pour piano et, après la mort de Chabrier, elle a été transformée (avec d'autres musiques du même compositeur) en un ballet, *España* , joué à l'Opéra de Paris en 1911. Waldteufel a basé l'une de ses valses les plus populaires sur le thème de cette rhapsodie. *La Habanera* pour pianoforte (1885) de Chabrier fut son dernier souvenir musical de son voyage en Espagne. Ce sont généralement les compositeurs français qui ont obtenu de meilleurs effets sur l'atmosphère espagnole que les hommes des autres nations, et à côté de la musique de Chabrier je devrais mettre *Iberia de Debussy* , la deuxième de ses *Images* (1910). Il contient trois mouvements désignés respectivement comme « Dans les rues et les routes », « Les parfums de la nuit » et « Le matin d'un jour de fête ». C'est en effet plutôt l'odeur et l'aspect de l'Espagne que le rythme que nous donne cette musique, tout à fait impressionniste qu'elle soit, mais le rythme ne manque pas, et des instruments aussi caractéristiques que les castagnettes, les tambourins et les xylophones sont requis par la partition. "Parfums de la nuit" est aussi proche que n'importe quelle musique de suggérer des odeurs aux narines - et toutes ne sont pas des odeurs agréables . Il y a celui de Rimski- Korsakow *Capriccio Espagnole* , avec son *alborado* ou vigoureuse sérénade matinale, sa longue série de cadences (aussi intelligemment écrites que celles de *Shéhérazade* pour montrer la virtuosité des musiciens individuels de l'orchestre ; il est à noter que cette œuvre est dédiée aux soixante-sept musiciens de l'orchestre de l'Opéra Impérial de Petrograd et tous leurs noms sont mentionnés sur la partition) pour suggérer la musique vacillante d'un campement gitan, et enfin le fandango sauvage des Asturies avec lequel l'œuvre se conclut brillamment. Engelbert Humperdinck enseigna la théorie musicale au Conservatoire de Barcelone pendant deux ans (1885-86), et l'un des résultats fut son *Maurische Rhapsodie* en trois parties (1898-9), encore occasionnellement interprétée par nos orchestres. Lalo a écrit sa *Symphonie Espagnole* pour violon et orchestre pour le grand virtuose espagnol Pablo de Sarasate, mais tous nos violonistes sont ravis de l'interpréter (bien qu'ils soient généralement dépourvus d'un mouvement ou deux). Glinka a écrit une *Jota aragonaise* et *Une nuit à Madrid* ; il donna à Balakirew un thème espagnol que ce dernier utilisa dans son *Ouverture sur le thème d'une marche espagnole* . Liszt a écrit une *Rhapsodie espagnole* pour pianoforte (arrangée comme pièce de concert pour piano et orchestre par Busoni) dans laquelle il a utilisé la jota d'Aragon comme thème de variations. *Le Toréador et l'Andalou* de Rubinstein et celui de Moszkowski *Les danses espagnoles* (à quatre mains) sont connues de tous les pianistes amateurs sous le nom de *Spanisches de Hugo Wolf. Liederbuch et Espagnoles* de Robert Schumann *Les Liederspiel* , basés sur les traductions de ballades populaires espagnoles de F. Giebel, sont connus de tous les chanteurs. J'ai entendu une chanson de Saint-Saëns, *Guitares et Mandolines* , charmantement chantée par Greta Torpadie , dans laquelle les instruments du titre, sous les doigts subtils de ce magistral accompagnateur, Coenraad V. Bos, étaient savamment imités. Et *Mandoline* de Debussy et *Les Filles de Cadix de Delibes* (qui appartiennent dans ce pays à la fois à Emma Calvé et à Olive Fremstad) viennent immédiatement à l'esprit. *La Rapsodie Espagnole* de Ravel est aussi espagnole que la musique pourrait l'être. Les hommes du Boston Symphony l'ont joué au cours de la saison qui vient de s'écouler. Ravel a basé la section habanera de sa *Rapsodie* sur l'une de ses pièces pour piano. Mais les deux poèmes symphoniques de Richard Strauss sur des sujets espagnols, *Don Juan* et *Don Quichotte* , n'ont pas, autant que je me souvienne, une note de coloration espagnole, du début à la fin. Le poème symphonique de Svendsen, *Zorahayda* , basé sur un passage de « l'Alhambra » de Washington Irving, est de thème espagnol et peut être ajouté à cette liste avec celui de Waldteufel. *L'Estudiantina* valse.

d'après une photographie de Matzene

Tarquinia Tarquini dans le rôle de Conchita

je

Quatre opéras modernes se démarquent comme étant espagnols par leur sujet et leur atmosphère. Je mettrais en tête de liste celui de Zandonai *Conchita* ; le compositeur italien a capté sa palette musicale et transféré sur sa toile tonale une bonne partie de la couleur paresseuse et agitée de la péninsule ibérique dans ce petit chef-d'œuvre. L'ambiance des rues et des patios est admirablement captée. Mon ami Pitts Sanborn a dit de lui, après sa représentation unique au Metropolitan Opera House de New York par la Chicago Opera Company : « Il y a une atmosphère musicale d'un genre rare et pénétrant ; il y a des couleurs utilisées avec la discrétion d'un maître. ; il y a des rythmes enivrants, et au-dessus de l'orchestre les voix se font entendre dans un vrai discours musical.... Depuis *Carmen* , il est si facile d'écrire de la musique espagnole et d'atteindre suprêmement le banal. Ici, il y a aussi peu de l'espagnol de. convention comme dans *Iberia de Debussy* , mais il y a l'Espagne. Cet opéra, d'après l'œuvre de Pierre Louÿs Le roman sadique « La Femme et le Pantin » devait une partie de son extraordinaire impression de vitalité à l'interprétation vivante du rôle-titre par Tarquinia Tarquini. Raoul Laparra, né à Bordeaux, mais qui a beaucoup voyagé en Espagne, a écrit deux opéras espagnols, *La Habanera* et *La Jota* , tous deux nommés d'après des danses populaires espagnoles et tous deux produits à l'Opéra-Comique de Paris. J'y ai entendu *La Habanera* et j'ai trouvé très convaincante l'utilisation par le compositeur de la danse comme pivot d'une tragédie. Je n'oublierai pas non plus le premier acte de clôture, dans lequel un jeune homme, assis sur un mur, face à la fenêtre d'une maison où un meurtre des plus sanglants a été commis, chante une folle chanson espagnole, s'accompagnant à la guitare, traversant et retraversant ses jambes s'abandonnent complètement au rythme, tandis que dans la maison s'élève le cri aigu et sauvage d'un enfant effrayé. Je n'ai pas entendu *La Jota* , ni vu la partition. Je ne trouve pas Emile Vuillermoz enthousiaste dans sa critique ("SIM", 15 mai 1911) : "Une danse transforme le premier acte dans un kaléidoscope frénétique et le combat dans l'église doit donner, au second, dans l'intention de l'auteur ' une sensation à pic, un peu comme celle d'un puits où grouillerait la besogne monstreuse de larves humaines .' A vrai dire ces deux tableaux de cinématographe papillotant , corsés de cris, de hurlements et d'un nombre incalculable de coups de feu constituant pour le spectateur une épreuve physiquement douloureux , une hallucination confuse et inquiétante , un cauchemar assourdissant qui le conduit irrésistiblement à l'hébétude et à la migraine. Dans tout cela enfer que devient la musique?" Peut-être que les amateurs d'opéra en général ne recherchent pas des sensations de cet ordre; il n'en reste pas moins que *La Jota* a eu une carrière modeste si on la compare à *La Habanera* , qui a même été jouée à Boston. *Carmen* est essentiellement un opéra français ; les émotions principales des personnages sont exprimées dans un idiome aussi français que celui de Gounod ; pourtant les danses et les entr'actes sont de couleur espagnole . L'histoire de la chanson d'entrée de Carmen mérite d'être racontée dans les mots de M. Philip Hale (« Notes de programme de l'Orchestre Symphonique de Boston » ; 1914-15, P. 287) : « Mme. Galli- Marié n'aimait pas son air d'entrée, qui était en temps 6-8 avec un chœur. Elle souhaitait quelque chose de plus audacieux, une chanson dans laquelle elle puisse mettre en jeu toute la batterie de ses *perversités artistiques* , pour reprendre l'expression de Charles Pigot : « des tons et des sourires caressants, des inflexions voluptueuses, des regards meurtriers, des gestes inquiétants ». Durant les répétitions, Bizet a réalisé une douzaine de versions. Le chanteur ne s'est contenté que du treizième, le désormais familier Habanera, basé sur un vieux air espagnol utilisé par Sebastian Yradier . Cela a causé des ennuis à Bizet, car l'éditeur d'Yradier , Heugel, a exigé que la dette soit reconnue dans la partition de Bizet. Yradier ne porta aucune plainte, mais pour éviter un procès ou un scandale, Bizet donna son accord, et sur la première page de la Habanera de l'édition française de *Carmen* cette ligne est gravée : « Imitée d'une chanson espagnole, propriété des éditeurs de *Le Ménestrel* .'"

Il existe d'autres opéras dont les scènes se déroulent en Espagne. Certains d'entre eux tentent de colorier l'espagnol , d'autres non. Massenet n'a écrit pas moins de cinq opéras sur des sujets espagnols, *Le Cid* , *Chérubin* , *Don César de Bazán* , *La Navarraise* et *Don Quichotte* (le roman de Cervantes a souvent séduit les compositeurs de drames lyriques par son récit ; Clément et Larousse donnent une longue liste de *Don Quichotte). Il s'agit d'opéras Quichotte* , mais il n'y en a pas un de Manuel García, mentionné dans la compilation de John Towers, "Dictionary-Catalogue of Operas". Cependant, aucun de ces drames lyriques n'a tenu sa place sur scène). Les danses espagnoles *du Cid* sont fréquemment jouées, mais pas l'opéra. La plus célèbre de l'ensemble s'appelle simplement *Aragonaise* ; ce n'est pas un jota. *Pleurez, mes yeux* , l'air principal de la pièce, peut difficilement être appelé espagnol. Il y a une charmante suggestion de jota dans *La Navarraise* . Dans *Don Quichotte,* la belle Dulcinée chante un de ses airs avec ses propres cordes de guitare , et on a beaucoup parlé du fait, avant la production originale à Monte-Carlo, de Mme. Les leçons de Lucy Arbell sur cet instrument. Mary Garden, qui avait appris à danser pour *Salomé* , n'a pris aucun cours de guitare pour *Don Quichotte* . Mais la guitare n'est-elle pas un anachronisme dans cet opéra ? Dans un pamphlet de Don Cecilio de Roda, publié à l'occasion de la célébration du tricentenaire de la publication du roman de Cervantes, prenant pour sujet les références musicales de l'œuvre, je trouve : « La harpe était l'instrument aristocratique le plus apprécié des femmes et elle semble être considéré dans *Don Quichotte* comme l'instrument féminin par excellence." La guitare telle que nous la connaissons existait-elle à cette époque ? Je pense que la *vihuela* était la guitare de l'époque... Maurice Ravel a écrit un opéra espagnol, *l'Heure Espagnole* (un acte, joué à l'Opéra-Comique de Paris, 1911). Octave Séré (" Musiciens français d'Aujourd'hui ") en dit : "Les principaux traits de son caractère et l'influence du sol natal s'y combinateur étrangement . De l'alliance de la mer et du Pays Basque (Ravel est né dans les Basses-Pyrénées , près de la mer) est née une musique à la fois fluide et nerveux rythmée , mobile, chatoyante , amie du pittoresque et dont le trait net et précis est plus incisif que profond ." L'opéra *Der Corregidor de Hugo Wolf* est fondé sur le roman "El Sombrero de tres Picos" de l'écrivain espagnol Pedro de Alarcón. (1833-91). Son opéra inachevé *Manuel Venegas* a également un sujet espagnol, suggéré par "El Niño de la Bola" d'Alarcón. D'autres opéras espagnols sont *Fidelio de Beethoven, La Rose de Castille* de Balfe , *Ernani* et *Il Trovatore* de Verdi , *Il Barbiere* de Rossini. *di Séville* , *Don Giovanni* et *Les Noces de Figaro* de Mozart , *Preciosa* de Weber (une véritable pièce de théâtre avec musique accessoire), Dargomijsky *L'Invité de pierre* (la version Pouchkine de l'histoire de Don Juan. Cet opéra, d'ailleurs, fut l'un des nombreux retouchés et complétés par Rimski- Korsakow), *Donna Diana* de Reznicek — et *Parsifal* de Wagner ! L'opéra *Azara du compositeur américain John Knowles Paine* , traitant d'un sujet mauresque, n'a, je pense, jamais été joué.

II

Les premiers compositeurs religieux d'Espagne méritent une niche à eux seuls, aussi petite soit-elle, comme dans le cas présent. Il y a, certes, quelques doutes quant à savoir si leur inspiration était entièrement péninsulaire, ou si une partie venait de Flandre et le reste glanait à Rome, car dans leur service à l'Église, la plupart d'entre eux ont émigré en Italie et ont fait leur meilleur travail là-bas. Le but du présent chroniqueur n'est pas de consacrer beaucoup d'espace à ces premiers hommes, ni de discuter en détail de leur musique. Il n'existe pas de livres en anglais consacrés à l'étude de la musique espagnole, et peu dans aucune langue, mais les rares qui existent prennent soin de raconter en long et en large (certains d'entre eux avec de fréquentes citations musicales) l'état de la musique en Espagne au XVIe siècle. , XVIIe et XVIIIe siècles, la période dorée. Au lecteur qui souhaiterait poursuivre cette phase de notre sujet, je propose une petite bibliographie. Il y a tout d'abord les deux volumes d'A. Soubies , « Histoire de la Musique d'Espagne », publiés en 1889. Le deuxième volume nous fait traverser le XVIIIe siècle. Les compositeurs religieux et les premiers compositeurs profanes sont catalogués dans ces volumes, mais il y a peu d'efforts pour les détailler, et c'est un compositeur heureux qui se voit attribuer une page entière. Soubies ne trouve pas l'occasion de s'arrêter plus d'un paragraphe sur la plupart de ses sujets. Parfois, cependant, il allège les progrès laborieux du lecteur, comme lorsqu'il cite la « Declaración de Instrumentos » du Père Bermudo (1548 ; l'édition de 1555 est à la Bibliothèque du Congrès à Washington) : « Il y a trois sortes d'instruments en musique. Les premiers sont dits naturels ; ce sont des hommes dont le chant est appelé *harmonie musicale* . D'autres sont artificiels et se jouent au toucher, comme la harpe, la *vihuela* (la guitare ancienne, qui ressemble au luth), et d'autres encore. leur musique est dite *artificielle* ou rythmée. La troisième espèce est pneumatique et comprend des instruments tels que la flûte, la douçaine (une espèce de hautbois) et l'orgue. Certains contesteront peut-être cette classification ingénieuse et très originale. L'histoire de la musique espagnole la plus connue, et peut-être la plus utile (car facilement accessible), est celle écrite par Mariano Soriano Fuertes, en quatre volumes : "Historia de la Música Española desde la venida de los Fenicios hasta el año de 1850", publié à Barcelone et à Madrid en 1855. Il existe également le " Diccionario Técnico, Histórico , y Biográfico de la Música", de José Parada y Barreto (Madrid, 1867). Il s'agit bien entendu d'un ouvrage général. sur la musique, mais l'Espagne a tout ce qu'elle mérite. Par exemple, une page et demie est consacrée à Beethoven et neuf pages à Eslava. C'est vers ce dernier compositeur qu'il faut se tourner pour l'ouvrage le plus complet et le plus important sur l'église espagnole. musique : "Lira Sacro-Hispana " (Madrid, 1869), en dix volumes, avec de volumineux extraits des œuvres des compositeurs. Ce recueil de musique religieuse espagnole du XVIe au XVIIIe siècle, avec des notices biographiques des compositeurs, est sorti de. imprimé et rare (il en existe un exemplaire à la Bibliothèque du Congrès de Washington). En complément, je peux mentionner " Hispaniae Schola Musica Sacra", commencée en 1894, qui a déjà atteint les proportions de l'œuvre d'Eslava , qui . était le maître d'Enrique Granados, a également publié une belle édition de la musique de Victoria.

Les compositeurs espagnols ont pleinement contribué au processus de cristallisation de la musique en formes d'une beauté permanente au cours des XVIe et XVIIe siècles. Rockstro affirme qu'au début du XVIe siècle, presque tous les meilleurs compositeurs des grands chœurs romains étaient espagnols. Mais leur plus grande réussite fut la fondation de l'école dont Palestrina fut le couronnement. Sur la musique de leur propre pays, leur influence est moins perceptible. Je pense que le nom de Cristofero Morales (1512-53) est le premier nom important de l'histoire de la musique espagnole. Il a précédé Palestrina à Rome et certaines de ses messes et motets y sont encore chantés dans la chapelle papale (et dans d'autres édifices catholiques romains et par des chorales). Francisco Guerrero (1528-99 ; ces dates sont approximatives) fut un élève de Morales. Il a écrit des mises en musique des chœurs de la Passion selon saint Matthieu et saint Jean ainsi que de nombreuses messes et motets. Tomás Luis de Victoria est, bien entendu, la plus grande figure de la musique espagnole et, après Palestrina (avec qui il a travaillé à l'époque), la plus grande figure de la musique du XVIe siècle. Soubies écrit : « On pourrait dire que sur sa palette musicale il a tout à sa disposition, en quelque sorte, la couleur éclatante de Zurbaran, les tons réalistes et transparents de Velasquez, les nuances idéales de Juan de Juanes et de Murillo. Son mysticisme est celui de Santa Theresa et San Juan de la Cruz. La musique de Victoria est toujours très vivante et peut être entendue même à New York, occasionnellement, par l'intermédiaire de la Musical Art Society. Je ne sais pas si cela est pratiqué dans les églises d'Amérique ou non ; les chœurs romains le chantent encore....

La liste pourrait s'allonger indéfiniment... mais les grands noms que j'ai cités. Il y a Cabezón , que Pedrell appelle le « Bach espagnol », Navarro, Caseda , Gomes, Ribera, Castillo, Lobo, Durón , Romero, Juarez. Dans l'ensemble, je pense que ces compositeurs ont eu plus d'influence sur Rome – la nature espagnole est plus respectueuse que la nature italienne – que sur l'Espagne. Les compositeurs espagnols modernes ont davantage appris du chant et de la danse folkloriques que des compositeurs religieux. Certaines voix s'élèvent cependant en désaccord avec cette opinion. G. Tebaldini (« Rivista Musicale », Vol. IV, Pp. 267 et 494) dit que Pedrell, au cours de ses études, a beaucoup appris et qu'il a mis à profit dans l'écriture chorale de ses opéras. Et Felipe Pedrell lui-même affirme qu'il existe une chaîne ininterrompue entre les compositeurs religieux du XVIe siècle et les compositeurs de théâtre du XVIIe. On peut le suivre jusqu'ici sans croire que les compositeurs de théâtre du XVIIe siècle aient eu une trop grande influence sur les compositeurs profanes d'aujourd'hui.

III

Tout le monde danse en Espagne, du moins semble-t-il, en relisant les livres des Marco Polo qui ont fait des voyages de découverte dans la péninsule ibérique . Les guitares semblent être aussi courantes là-bas que les tire-pois en Nouvelle-Angleterre, et gratter semble faire taper du pied et faire chanter les voix, quoi, ils s'en moquent. (Havelock Ellis dit : « Il n'est pas toujours agréable à l'Espagnol de constater que la danse est considérée par l'étranger comme une institution espagnole particulière et importante. Même Valera, avec sa vaste culture, ne pouvait échapper à ce sentiment ; dans une revue d'un livre sur l'Espagne d'un auteur américain intitulé « Le Pays des Castanet » – un livre qu'il considérait comme plein d'appréciation pour l'Espagne – Valera n'aimait pas ce titre, dit-il, comme s'il fallait appeler un livre sur les États-Unis. « Le pays du bacon. » » La couleur orientale est striée de part en part des mélodies et des harmonies, dont beaucoup trahissent leur origine arabe ; d'autres sont *flamenco* ou gitans. Les danses, presque invariablement accompagnées de chants, sont généralement en 3-4 temps ou ses variantes telles que 6-8 ou 3-8 ; le tango, bien sûr, est en 2-4. Mais les danseurs élaborent les interrythmes les plus élaborés à partir de ces mesures simples, créant ainsi une complexité d'effet qui défie toute notation compréhensible sur papier. Comme c'est sur cette *fioritura* , si l'on me permet d'employer le mot à ce propos, du danseur que le compositeur sophistiqué fonde certains de ses effets les plus naturels et les plus nationaux, je m'attarderai sur le sujet. La Argentina a réarrangé de nombreuses danses espagnoles pour les besoins de la scène de concert, mais dans sa traduction elle a conservé dans une large mesure cette intéressante complication du rythme, marquant l'irrégularité du rythme, maintenant avec une détonation du talon singulièrement compliquée. - en tapotant, tantôt avec un brusque fléchissement du genou, tantôt avec le frémissement subtil d'un cil, tantôt avec une pluie d'étincelles de castagnettes (un instrument qui nécessite une dure tutelle pour sa maîtrise complète ; Richard Ford nous dit que même les enfants de les rues d'Espagne rappent ensemble, pour devenir des artistes autodidactes dans leur utilisation). Chabrier, lors de sa visite en Espagne avec sa femme en 1882, tenta de noter certaines de ces variations rythmiques réalisées par les danseurs tandis que les musiciens grattaient leurs guitares, et il y parvint en partie. Mais en somme, il ne réussit qu'à donner en une seule mesure chaque variation ; il n'a pas tenté de les intégrer dans le motif complexe que les femmes espagnoles parviennent à en faire.

- 12 -

d'après une photographie de White

L'Argentine

Il y a une singulière similitude à observer entre ces coups de talon et les coups de tambour compliqués des nègres africains de certaines tribus. Dans son livre "Afro-American Folksongs", HE Krehbiel décrit ainsi l'accompagnement musical des danses du village de Dahoman lors de l'Exposition universelle de Chicago : "Ces danses étaient accompagnées de chants choraux et de battements rythmés et harmonieux de tambours et de cloches, le chant était à l'unisson. L'harmonie était une triade tonique majeure divisée rythmiquement d'une manière très complexe et étonnamment ingénieuse. Les instruments étaient accordés avec une excellente justesse. Le son fondamental provenait d'un tambour fait d'une bûche creuse d'environ trois pieds de long. une seule tête, jouée par celui qui semblait être le chef de la bande, bien qu'il n'y ait eu aucun signal. Ce tambour était battu avec la paume des mains. Une variété de tambours plus petits, certains avec une, d'autres avec deux têtes. , étaient frappés de diverses manières avec des bâtons et des doigts. Les cloches, au nombre de quatre, étaient en fer et étaient tenues la bouche vers le haut et frappées avec des bâtons. Les joueurs montraient le sens rythmique et l'habileté les plus remarquables que j'aie jamais remarqués. Berlioz, dans son effort suprême avec son armée de tambours, n'a rien produit de comparable en termes d'intérêt artistique au tambour harmonieux de ces sauvages. L'effet fondamental était une combinaison de temps doubles et triples, le premier conservé par les chanteurs, le second par les batteurs, mais il est impossible de transmettre l'idée de la richesse des détails obtenue par les batteurs au moyen de l'échange des rythmes, syncope des appareils simultanément et dynamiques. Ce n'est qu'en créant une partition de la musique que cela aurait été possible. J'ai tenté de réaliser une telle partition en faisant appel à feu John C. Filmore, expérimenté dans la musique indienne, mais nous avons été contrecarrés par les musiciens qui, devinant évidemment notre objectif lorsque nous avons sorti nos cahiers, ont malicieusement changé leur manière de jouer. dès que nous avons touché le crayon sur le papier. »

La ressemblance entre la musique noire et la musique espagnole est très frappante. M. Krehbiel dit qu'en Amérique du Sud la mélodie espagnole s'est imposée sur le rythme nègre. Dans les danses du peuple espagnol, comme le souligne Chabrier, la mélodie est souvent pratiquement nulle ; l'effet est rythmique (effet qui est souligné par les limitations harmoniques et mélodiques évidentes de la guitare, qui accompagne invariablement tous les chanteurs et danseurs). S'il y avait une mélodie ou si les guitaristes jouaient bien (ce qui n'est généralement pas le cas) on ne pourrait pas en distinguer les contours avec les cris d'Olé ! et les battements de talons des interprètes. En effet, les mélodies espagnoles sont souvent des bribes de mélodies, comme les mélodies nègres africaines. La habanera est une véritable danse africaine, importée en Espagne via Cuba, comme le souligne Albert Friedenthal dans son livre "Musik, Tanz, und Dichtung" . près du Kreolen Amerikas ." Quel que soit celui qui en était responsable, arabe, nègre ou maure (Havelock Ellis dit que les danses espagnoles sont étroitement liées aux anciennes danses de Grèce et d'Egypte), les danses espagnoles trahissent leur origine orientale dans leur complexité de rythme (une complexité pas du tout évident sur la page imprimée, car cela dépend en grande partie du danseur, du guitariste, du chanteur et même du public !), et de la *fioriture* qui décore leur mélodie lorsque la mélodie apparaît. Même si la musique religieuse espagnole n'est peut-être pas typiquement espagnole, la musique est typiquement espagnole. les danses présentent invariablement des caractéristiques nationales marquées ; c'est donc sur celles-ci (certaines dans une plus grande mesure, d'autres dans une moindre mesure) que les compositeurs espagnols et étrangers ont construit leurs inspirations les plus atmosphériques, leurs meilleures images de la vie populaire dans la péninsule ibérique . Une grande partie de l'intérêt de cette musique tient au rôle important que joue la guitare dans sa construction ; les modulations sont souvent contraires à toutes les règles de l'harmonie et (pourtant diraient certains) la musique semble effervescente de variété et de feu. . À propos des guitaristes, Richard Ford (« Rassemblements d'Espagne ») dit : « Les interprètes sont rarement des musiciens très scientifiques ; ils se contentent de frapper les accords, de passer toute la main sur les cordes, ou de s'épanouir et de taper sur la planche avec le pouce, dans lequel ils sont très experts. Parfois, dans les villes, quelqu'un a acquis plus de pouvoir sur cet instrument ingrat ; mais la tentative est un échec. La guitare répond froidement aux paroles italiennes et à la mélodie élaborée, qui ne parviennent jamais aux oreilles espagnoles. ou des coeurs." (Une exception doit être faite dans le cas de Miguel Llobet. Je l'ai entendu pour la première fois jouer lors du concert de Pitts Sanborn au Théâtre Punch et Judy (17 avril 1916) au profit de l'hôpital 28 de Bourges, en France, et il a fait une profonde impression sur moi. Dans l'un de ses numéros, la *Fantaisie espagnole* de Farrega , il m'a étonné et enthousiasmé. Il semblait à tout moment dépasser la capacité de son instrument, obtenant une variété de couleurs vraiment étonnante dans ce numéro particulier. non seulement il pinçait le clavier mais aussi la touche, dans *un tempo complexe et rapide* ; il semblait que deux types d'instruments différents jouaient. Mais à tout moment, il variait son son presque comme s'il avait été joué par du vent ; et non pincée. J'ai surtout noté une suggestion de cornemuse. Un véritable artiste. Aucune des musiques évoquées, une sérénade d'Albéniz et un Menuet de Tor, n'était particulièrement intéressante, même si la Fantaisie contenait des références fascinantes. airs de danse folklorique. Il n'y a rien de sensationnel chez Llobet, un homme calme et primitif ; il s'assoit tranquillement sur sa chaise et fait de la musique. Il peut s'agir d'une harpe ou d'un violoncelle (sans chercher à obtenir un effet personnel.)

Les danses espagnoles sont en nombre infini et depuis des siècles, elles semblent faire partie intégrante de la vie espagnole. La discussion sur la façon dont ils sont dansés est une caractéristique des descriptions. Il semblerait qu'il n'y ait pas deux auteurs d'accord ; pour un simple annotateur, il est évident qu'ils sont dansés différemment selon les occasions. Il est évident qu'ils sont dansés différemment selon les provinces. Les Espagnols, comme le souligne Richard Ford, ne sont pas très disposés à donner des informations aux étrangers, souvent parce qu'ils n'en ont pas eux-mêmes les connaissances. Leurs déclarations sont souvent trompeuses, parfois intentionnellement. Ils ne comprennent pas le tempérament historique. Jusqu'à récemment, de nombreux trésors artistiques et archives de la péninsule étaient mal conservés. Ceux qui vivaient à l'ombre de l'Alhambra n'admiraient que son ombre. On peut imaginer que l'enregistrement des danses folkloriques a suscité encore moins d'intérêt. "En Espagne, la danse est désormais un sujet dont peu de gens savent quelque chose", écrit Havelock Ellis, "parce que chacun tient pour acquis qu'il sait tout à ce sujet ; et toute question sur le sujet reçoit une réponse très simple, généralement discutable. l'exactitude." De la musique des danses, nous avons de nombreux enregistrements, et nous pouvons être certains qu'elles sont généralement en 3-4 temps ou ses variantes. Quant à savoir s'ils sont dansés par deux femmes, une femme et un homme, ou par une femme seule, les autorités ne sont pas toujours d'accord. À la confusion s'ajoute l'attitude oraculaire des scribes. Il me semble bien certain que cette procédure varie. Que les images animées exercent presque toujours une grande fascination, il n'y a que trop de témoins pour le prouver. Je peux moi-même témoigner de l'émerveillement de certains d'entre eux, placés certes dans des cadres étranges, la Feria de Paris, par exemple ; mais même sans le décor qu'exigent les danses espagnoles, la diablerie, l'intensité frissonnante de ces femmes charnelles, toujours serrées dans des châles comme seules les maîtresses des rois pouvaient porter dans d'autres pays, ont tendu le *véritable frisson* . C'est une danse qui fait appel à la coopération non seulement des pieds et des jambes, mais aussi des bras et, en fait, de tout le corps.

Le monde intelligent en Espagne danse aujourd'hui autant que le monde intelligent le fait partout ailleurs, même s'il ne tient pas, m'a-t-on dit, à défendre notre tango, qui, selon M. Krehbiel, est une corruption de la habanera africaine originale. Mais autrefois, de nombreuses danses, comme la pavana , la sarabande et la gallarda , étaient dansées à la cour et étaient appréciées de la noblesse. (Bien que vraisemblablement d'origine italienne, la pavana et la gallarda étaient plus populaires en Espagne qu'à Rome. Fuertes dit que la sarabande a été inventée au milieu du XVIe siècle par un danseur appelé Zarabanda , originaire de Séville ou de Guayaquil.) La pavana , danse ancienne à la mesure grave et majestueuse, était très en vogue aux XVIe et XVIIe siècles. Une explication de son nom est que les figures exécutées par les danseurs ressemblaient à la queue d'un paon étalée en forme de roue semi-circulaire. La gallarda (français, gaillard) était généralement dansée en relief de la pavana (et la suit d'ailleurs souvent dans les suites de danse des compositeurs classiques dans lesquelles ces formes figurent toutes). Le jacara , ou plus exactement xacara , du XVIe siècle, était dansé en accompagnement d'une chanson romantique et fanfaronnade. Les folias espagnoles étaient un ensemble de danses dansées sur un air simple traité dans des styles variés avec un accompagnement très libre de castagnettes et d'éclats de chant. Corelli publia à Rome en 1700 vingt-quatre variations de cette forme, qui ont été jouées de nos jours par Fritz Kreisler et d'autres violonistes.

Les noms des danses espagnoles modernes sont souvent confondus dans les descriptions proposées par les voyageurs observateurs , pour les raisons déjà évoquées. Il existe des centaines de ces descriptions, et il est difficile de choisir la plus révélatrice d'entre elles. Gertrude Stein, qui a passé les deux dernières années en Espagne, a marqué le rythme de plusieurs de ces danses en mêlant son usage original des mots au médium séduisant du *vers libre* . Elle a réussi, je pense, mieux que certains musiciens à suggérer les subtilités du rythme. Je voudrais transcrire ici une de ces tentatives, mais cela je n'ai pas le droit de le faire puisque je ne les ai vues qu'en manuscrit ; ils ne sont pas encore parus sous forme imprimée. Ces pièces sont en un sens la chose elle-même – je devrai me rabattre sur des descriptions de la chose. La tirana , danse commune à la province d'Andalousie, est accompagnée de chants. Le rythme est décidé, laissant place à la grâce et au geste, les femmes jouant avec leurs tabliers, les hommes arborant chapeaux et mouchoirs. Le polo, ou ole, est désormais une danse gitane. M. Ellis affirme que c'est une corruption de la sarabande ! Il continue en disant : "Les danses dites gitanes d'Espagne sont des danses espagnoles que les Espagnols ont tendance à abandonner mais que les gitans ont adoptées avec énergie et habileté." (Cette théorie pourrait être vivement contestée.) Le boléro, une danse relativement moderne, est arrivé en Espagne via l'Italie. M. Philip Hale souligne que le boléro et la cachucha (dont d'ailleurs on entend rarement parler de nos jours) étaient les danses populaires espagnoles lorsque Mesdames Faviani et Dolores Tesrai , et leurs suivantes, Mlle. Noblet et Fanny Elssler , ont visité Paris. Fanny Elssler est en effet le plus souvent représentée en costume espagnol, et elle dansait la cachucha aussi souvent, j'imagine, que Mme. Pavlowa danse *Le Cygne* de Saint-Saëns. Marie-Anne de Camargo, qui acquit une grande renommée de danseuse en France au début du XVIIIe siècle, est née à Bruxelles mais était d'origine espagnole. Elle comptait cependant sur le style classique italien pour son succès plutôt que sur les danses nationales espagnoles. La seguidilla est une danse gitane qui a le même rythme que le boléro mais en plus animée et entraînante. Des exemples de ces danses, ainsi que de la jota, du fandango et de la sevillana, peuvent être rencontrés dans les compositions énumérées dans la première section de cet article, dans les annexes de « l'Histoire de la musique espagnole » de Soriano Fuertes, dans le dictionnaire Grove. dans les numéros de "SIM" où figurent les lettres d'Emmanuel Chabrier, et dans les recueils faits par P. Lacome, publiés à Paris.

La jota est une autre danse en 3-4 temps. Chaque province espagnole possède sa propre jota, mais les variantes les plus connues sont celles d'Aragon, de Valence et de Navarre. Il est accompagné de la guitare, de la *bandarria* (semblable à la guitare), du petit tambour, des castagnettes et du triangle. M. Hale dit que son origine au XIIe siècle est attribuée à un Maure nommé Alben Jot qui a fui Valence vers Aragon. « La jota, poursuit-il, se danse non seulement lors des réjouissances mais aussi lors de certaines fêtes religieuses et même lors de la veillée des morts. L'une d'entre elles, appelée « Natividad del Señor » (nativité de notre Seigneur), se danse la veille de Noël en Aragon, et est accompagné de chants, et des jotas sont chantées et dansées aux carrefours, invoquant la faveur de la Vierge, lorsque se célèbre la fête de Notre-Dame du Pilar à Saragosse.

La description de la jota par Havelock Ellis mérite d'être reproduite : « La jota aragonaise , la danse la plus importante et la plus typique en dehors de l'Andalousie, est dansée par un homme et une femme, et est une sorte de combat entre eux ; la plupart du temps ils s'affrontent. l'autre, utilisant tous deux des castagnettes et avançant et reculant d'une manière apparemment agressive, les bras alternativement légèrement levés et abaissés, et les jambes, avec une tentative apparente de faire trébucher le partenaire, donnant alternativement des coups de pied quelque peu latéraux, tandis que le corps est rapidement soutenu d'abord sur d'un côté puis de l'autre. C'est une danse monotone, avec une rapidité et une vivacité immenses dans sa monotonie, mais elle n'a pas la grâce délibérée et la fascination, les audaces heureuses de la danse andalouse. Il n'y a, en effet, aucune suggestion de volupté. mais on pourrait plutôt dire, selon les mots d'un poète moderne, Salvador Rueda, qu'il y a « le bruit des casques, des plumes, des lances et des bannières, le rugissement du canon, le hennissement des chevaux, le choc des épées.'"

Chabrier, dans ses lettres étonnantes et amusantes d'Espagne, nous donne des images vivantes et des renseignements intéressants. Celle-ci, écrite à son ami Edouard Moullé , de Grenade, le 4 novembre 1882, parut dans "SIM" le 15 avril 1911 (j'ai omis les illustrations musicales, qui possèdent pourtant une grande valeur pour l'étudiant) : "Dans dans un mois je dois quitter l'adorable Espagne... et dire au revoir aux Espagnols, — parce que, je ne le dis qu'à vous, elles sont très gentilles, les petites filles, je n'ai pas vu de femme vraiment laide depuis que je suis ! en Andalousie : je ne parle pas des pieds, ils sont si petits que je ne les ai jamais vus ; les mains sont petites et bien entretenues et les bras d'un contour exquis ; je parle seulement de ce qu'on peut voir, mais ils montrent ; ajoutez beaucoup les arabesques, les boucles latérales et autres ingéniosités de la coiffure, l'incontournable éventail, la fleur et le peigne dans les cheveux, placés bien en arrière, le châle de crêpe chinois, à longue frange et brodé de fleurs. , noué autour du personnage, le bras nu, et l'œil protégé par des cils assez longs pour s'enrouler ; la peau de couleur blanc terne ou orange , selon la race, tout cela souriant, gesticulant, dansant, buvant et insouciant de le dernier diplôme...

"C'est l'Andalou.

"Tous les soirs nous allons avec Alice aux cafés-concerts où l'on chante les malagueñas , les Soledas , les Sapateados et les Peteneras ; puis les danses, absolument arabes, à vrai dire ; si on les voyait se tortiller, délier leurs hanches, contorsion, je crois que tu n'essaierais pas de t'enfuir !... À Malaga, la danse est devenue si intense que j'ai été obligé d'emmener ma femme ; ce n'était même plus amusant, je ne peux pas en parler, mais. Je m'en souviens et je vais vous le décrire. — Je n'ai pas besoin de vous dire que j'ai noté beaucoup de choses le tango, sorte de danse dans laquelle les femmes imitent le tangage du *navire* ; est la seule danse en 2 temps; toutes les autres, toutes, sont en 3-4 (Séville) ou en 3-8 (Málaga et Cadix);—au Nord c'est différent, il y a de la musique en 5-8, très curieux. Le 2-4 du tango est toujours comme la habanera ; voici l'image : une ou deux femmes dansent, deux hommes idiots jouent n'importe quoi sur leurs guitares, et cinq ou six femmes hurlent, avec un son atroce. des voix et des figures en triolets impossibles à noter car elles changent d'air, à chaque instant un nouveau morceau d'air. Ils hurlent une série de figurations avec des syllabes, des mots, des voix qui s'élèvent, des battements de mains qui frappent les six croches, soulignant la troisième et la sixième, cris d'Anda ! Anda ! La Salut! c'est la Maraquita ! gracia , nationidad ! Baila, la chiquilla ! Anda ! Anda ! Consuelo! Olé, la Lola, olé la Carmen ! que grâce ! que élégance ! tout ça pour exciter la jeune danseuse. C'est vertigineux, c'est indicible !

"La Sevillana est autre chose : elle est en temps 3-4 (et avec des castagnettes)... . Tout cela devient extraordinairement séduisant avec deux boucles, une paire de castagnettes et une guitare. Il est impossible d'écrire la malagueña . C'est est une mélopée cependant qui a une forme et qui se termine toujours sur la dominante, à laquelle la guitare fournit 3 à 8 temps, et le spectateur (quand il y en a un) assis à côté du guitariste, tient une canne entre ses jambes et bat le rythme syncopé ; les danseurs eux-mêmes syncopent instinctivement les mesures de mille manières, frappant avec leurs talons un nombre inimaginable de rythmes... Tout n'est que rythme et danse : les airs grattés par le guitariste n'ont d'ailleurs aucune valeur ; ne peut être entendu à cause des cris d'Anda la chiquilla qué ! grâce ! que élégance ! Anda ! Olé ! Olé ! la chiquirritita ! et plus elle crie, plus la danseuse rit la bouche grande ouverte, et tourne les hanches, et est folle de son corps...."

Comme c'est sur ces danses que les compositeurs basent invariablement leur musique espagnole (non seulement Albéniz, Chapí , Bretón et Granados, mais aussi Chabrier, Ravel, Laparra et Bizet), nous pouvons nous attarder un peu plus longtemps sur leurs délices. La description convaincante suivante est tirée du très lisible « Rassemblements d'Espagne » de Richard Ford : « La danse qui est étroitement analogue au *Ghowasee* des Égyptiens et au *Nautch* des Hindous , est appelée l' *Olé* par les Espagnols, la *Romalis* par leurs gitans ; l'âme et l'essence de celui-ci consistent dans l'expression d'un certain sentiment, pas vraiment d'un caractère très sentimental ou correct. Les dames, qui semblent n'avoir pas d'os, résolvent le problème du mouvement perpétuel, leurs pieds ayant comparativement une sinécure. comme la personne tout entière exécute une pantomime et tremble comme une feuille de tremble ; la forme flexible et la figure de Terpsichore d'une jeune fille andalouse, qu'elle soit gitane ou non, sont, disent les érudits, avoir été conçues par la nature comme le cadre idéal. pour son imagination voluptueuse.

« Quoi qu'il en soit, le savant et le commentateur classique citeront à chaque instant Martial, etc., lorsqu'il verra l'équilibre inchangé des mains levées comme pour attraper des pluies de roses, le battement des pieds et les mouvements serpentins et frémissants. Une excitation contagieuse s'empare des spectateurs, qui, comme les Orientaux, battent la mesure avec leurs mains en cadence mesurée, et applaudissent à chaque pause avec des cris et des applaudissements . Les demoiselles, ainsi encouragées, continuent leur action violente jusqu'à ce que la nature soit alors presque épuisée ; on distribue de l'eau-de-vie anisée, du vin et *des alpisteras , et la fête, qui se poursuit jusqu'au petit matin, se termine souvent par des têtes cassées, qu'on appelle ici « le tarif des gitans ».* Ces danses paraissent, à un étranger du froid nord, plus marquées par l'énergie que par la grâce, et les jambes n'ont pas moins à faire que le corps, les hanches et les bras. La vue de ce passe-temps inchangé de l'antiquité, qui excite l'esprit. Espagnol à la frénésie, dégoûte plutôt un spectateur anglais, peut-être par quelque désorganisation nationale , car, comme le dit Molière, « l'Angleterre a produit des grands hommes dans les sciences et les beaux arts, mais pas un grand danseur — allez lire l'histoire ». .'" (Un fait aussi vrai de nos jours que de celui de Molière.)

Certains jours, la sévillane est dansée devant le maître-autel de la cathédrale de Séville. Le révérend Henry Cart de Lafontaine (« Actes de la Musical Association » ; Londres, trente-troisième session, 1906-7) en donne le récit suivant, citant un « auteur français » : « Pendant que Louis XIII régnait sur la France, le Le pape a beaucoup entendu parler de la danse espagnole appelée « Séville ». Il voulut s'assurer, par un témoin oculaire, du caractère de cette danse, et exprima son souhait à un évêque du diocèse de Séville, qui visitait chaque année Rome. Les mauvaises langues rendent l'évêque responsable de la première suggestion de cette danse. Quoi qu'il en soit, l'évêque, à son retour à Séville, avait douze jeunes gens bien instruits de toutes les mesures complexes de cette danse andalouse. Il dut choisir des jeunes gens, car comment présenter les jeunes filles au regard horrifié des gens. le Saint-Père ? Lorsque sa petite troupe fut complètement instruite et perfectionnée, il emmena la fête à Rome, et l'audience fut organisée dans une des salles du Vatican. Le Pape complimenta chaleureusement les jeunes exécutants. qui étaient vêtus de beaux costumes de soie de l'époque. L'évêque demanda humblement la permission d'exécuter cette danse lors de certaines fêtes dans l'église cathédrale de Séville, et plaida en outre pour une restriction de ce privilège à cette seule église, levée par lui. son propre pétard, n'aimait pas refuser, mais accordait le privilège avec cette restriction, qu'il ne durerait que tant que les costumes des danseurs seraient portables. Il va sans dire que ces costumes sont donc des objets de réparation constante, mais ils sont censés conserver leur identité encore aujourd'hui. Et c'est la raison pour laquelle les douze garçons qui dansent la "Sevillana" devant le maître-autel de la cathédrale certains jours de fête sont vêtus du costume appartenant au règne de Louis XIII.

C'est une très jolie histoire, mais elle n'est pas sans contradiction.... Y a-t-il eu des déclarations sur la danse ou la musique espagnole qui ont été autorisées à ne pas être contredites ? Regardez cette image et ceci : « Pour autant qu'il soit possible de le vérifier à partir des archives », dit Rhoda G. Edwards dans le « Musical Standard », « cette danse semble avoir toujours été en usage dans la cathédrale de Séville ; la ville a été prise aux Maures au XIIIe siècle, c'était sans aucun doute une coutume établie et en 1428, nous trouvons les six garçons reconnus comme partie intégrante du chapitre par le pape Eugène IV. La danse est connue sous le nom de (*sic*) 'Los Scises ' . » ou danse des six garçons qui, avec quatre autres, la dansent devant le maître-autel de la Bénédiction les trois soirs précédant le Carême et dans les octaves de la Fête-Dieu et de La Purissima (la conception de Notre-Dame Le costume des garçons). est le plus pittoresque, on porte des costumes de page du temps de Philippe III, bleus pour La Purissima et des pourpoints de satin rouge coupés de bleu pour l'autre occasion ; des chapeaux blancs à plumes bleues et blanches sont également portés pendant la danse. - La durée et la forme de cinq minutes semblent tout à fait uniques, ne ressemblant à aucune des autres formes de danse espagnoles, ni en fait à celles d'aucun autre pays. Les garçons accompagnent la symphonie sur des castagnettes et chantent un hymne en deux parties tout en dansant."

Un autre auteur nous apprend que l'on peut voir des danses religieuses ailleurs en Espagne qu'à la cathédrale de Séville. À une certaine époque, on dit que c'était courant. Les pèlerins au sanctuaire de la Vierge à Montserrat avaient l'habitude de danser et la danse avait lieu dans les églises de Valence, Tolède et Jerez. Les danses religieuses sont restées courantes, notamment en Catalogne, jusqu'au XVIIe siècle. Un récit de la danse dans la cathédrale de Séville peut être trouvé dans "Los Españoles Pintados por si Mismos " (pages 287-91).

Ce récit très incomplet et décousu de la danse espagnole devrait inclure une mention du fandango. L'origine du mot est obscure, mais cette danse est évidemment l'une des danses espagnoles les plus gaies et les plus folles. Comme la malagueña, il s'agit d'un temps 3-8, mais son esprit est très différent de cette forme sensuelle de jouissance terpsichoréenne. La Argentina m'informe que « fandango » en espagnol suggère beaucoup ce que « bachanale » fait en anglais ou en français. C'est une danse très ancienne, et peut-être une survivance d'une danse maure, comme le suggère Desrat . M. Philip Hale en a trouvé quelque part le récit suivant :

"Comme un choc électrique, les notes du fandango animent tous les cœurs. Hommes et femmes, jeunes et vieux, reconnaissent le pouvoir de cet air sur les oreilles et l'âme de chaque Espagnol. Les jeunes hommes bondissent sur leurs places en faisant claquer leurs castagnettes, ou imitant leur son en claquant des doigts. Les filles sont remarquables par la langueur élancée et la légèreté de leurs mouvements, la volupté de leurs attitudes, battant la mesure la plus exacte en tapant des talons. Les partenaires se taquinent et se supplient et se poursuivent tour à tour. s'arrête, et chaque danseur montre son talent en restant absolument immobile, bondissant à nouveau dans la pleine vie du fandango tandis que l'orchestre entame le son de la guitare, du violon, le tic-tac rapide des talons (*taconeos*), le craquement. des doigts et des castagnettes, le déhanchement souple des danseurs remplissent les spectateurs d'extase.

"La musique tourbillonne dans un rythme triple rapide. Les paillettes scintillent; le cliquetis aigu des castagnettes d'ivoire et d'ébène bat la cadence de notes étranges, lancinantes, assourdissantes - des assonances inconnues de la musique, mais curieusement caractéristiques, efficaces et enivrantes. Au milieu du bruissement des soies, sourires luisent sur les dents blanches, yeux sombres scintillent et s'abaissent, et refont surface en flammes, tout est frémissant, sonore, passionné, séduisant . *Olé !* Les visages rayonnent et brûlent. *Olé ! Olé !*

"Le boléro enivre, le fandango enflamme."

On comprend bien que l'étude de la danse espagnole et de sa musique doit se poursuivre en Espagne. M. Ellis nous explique pourquoi : « Une autre caractéristique de la danse espagnole, et spécialement de la danse la plus typique appelée flamenco, réside dans ses accompagnements, et particulièrement dans le fait que, dans des conditions appropriées, tous les spectateurs sont eux-mêmes des interprètes . c'est qu'à la fin d'une danse, un silence absolu tombe souvent, sans aucun bruit d'applaudissements : la relation entre les interprètes et le public a cessé d'exister... La plus belle danse espagnole est immédiatement tuée ou dégradée par la présence d'un indifférent. ou un public antipathique, et c'est probablement pour cela qu'il ne peut pas être transplanté, mais reste local.

A la fin d'une danse, un silence absolu tombe souvent.... Je me trouve à nouveau dans un café underground à Amsterdam. C'est la veille de l'anniversaire de la reine et les Néerlandais le célèbrent. La salle basse, entourée de fumée, est remplie d'étudiants, de soldats et de femmes. C'est désormais une femme affaiblie qui prend place au piano, sur une estrade légèrement surélevée d'un côté de la pièce. Elle commence à jouer. La danse commence. Ce n'est pas une femme avec un homme ; la danse est informelle. Certains dansent ensemble, d'autres seuls ; certains chantent la mélodie, d'autres crient, mais tous font du bruit. De plus en plus vite et de plus en plus fort, la musique résonne et la danse devient de plus en plus sauvage. Un plateau de verres est expulsé de la paume retournée d'un serveur en sueur. Le serveur, le verre brisé, la danseuse, tout gisait, en riant, sur le sol. Un soldat et une femme se tiennent dans des coins opposés, face aux coins ; puis, sans se retourner, ils reviennent vers le milieu de la pièce d'un pas furieux ; la collision est épouvantable. Main dans la main, les danseurs fous encerclent la salle, lançant des confettis, de la bière, n'importe quoi. Une lourde chope écrase deux dents – la plaie saigne – mais le danseur ne s'arrête pas. Le bruit, l'action et la couleur deviennent tous synonymes. Il n'y a pas d'échappatoire à la force. Je suis entraîné dans le cercle. Soudain, la musique s'arrête. Tous les danseurs s'arrêtent. Le soldat ne regarde plus la femme à ses côtés ; pas un mot n'est prononcé. Les gens se dirigent d'un pas lourd vers les chaises. La femme cherche un verre d'eau pour apaiser la douleur causée par sa bouche qui saigne. Je pense que Jaques-Dalcroze a raison lorsqu'il cherche à réunir spectateur et acteur, théâtre et public.

IV

Dans la section précédente, j'ai peut-être trop insisté sur le rapport entre la chanson populaire et la danse. Il est vrai que les deux sont rarement séparés dans l'interprétation (même si toutes les chansons ne sont pas dansées ; par exemple, les *cañas* et *les playeras* d'Andalousie). Cependant, la plupart des chansons folkloriques espagnoles sont destinées à être dansées ; ils sont construits sur des rythmes de danse et portent des noms de danses. Ainsi la jota est toujours dansée sur la même musique, bien que les variations soient grandes selon les époques et selon les provinces. C'est bien entendu lorsque les chants populaires sont dansés qu'ils produisent leur meilleur effet, dans la polyrythmie obtenue par les rythmes opposés du guitariste, du danseur et du chanteur. Lorsqu'il n'y a pas de danseur, le défaut est parfois surmonté en frappant le sol avec un bâton en imitant des talons retentissants .

Les mendiants aveugles ont l'habitude de chanter les chansons, dans certaines provinces, avec une richesse d'ornements fleuris, ornements toujours associés aux airs orientaux joués, et cet ornement joue encore un rôle considérable lorsque le chanteur devient partie intégrante du groupe. accompagnement d'un danseur. Chabrier en donne plusieurs exemples dans une de ses lettres. Dans ces circonstances, il est facile de constater que les chansons folkloriques espagnoles écrites ne sont que de simples souvenirs de la réalité, et que lorsqu'elles sont chantées par des chanteurs qui n'ont aucune connaissance de la manière traditionnelle de les interpréter , elles ont tendance à paraître assez banales. On pourrait dire la même chose des chants populaires nègres d'Amérique, ou des chants populaires de Russie ou de Hongrie, mais avec beaucoup moins de vérité, car les chants populaires de ces pays possèdent généralement un intérêt mélodique rarement inhérent au genre musical. chansons folkloriques d'Espagne. Pour produire leur effet, ils doivent être exécutés par des Espagnols, aussi fidèlement que possible à la manière du peuple. En effet, leur esprit et leurs effets polyrythmiques sont bien plus essentiels à leur bonne interprétation que leur mélodie, comme l'ont souligné de nombreux témoins.

La musique espagnole, en grande partie, est en fait désagréable aux oreilles occidentales ; il lui manque la triste monotonie et l'intensité lamentable de la vraie musique orientale ; une grande partie est forte et éclatante, comme les rayons du soleil brûlants de la péninsule ibérique . Cependant, de nombreux Européens de l'Ouest ou du Nord ont trouvé plaisir à écouter à chaque heure ces airs, qui sonnent souvent comme s'ils étaient improvisés, chantés par un mendiant ou un montagnard.

Les recueils de ces chants ne sont en aucun cas complets et peu d'entre eux tentent de faire plus qu'une collocation des chants d'une localité ou d'un peuple. Des déductions ont été tirées. Par exemple, on constate que les chants basques sont irréguliers dans leur mélodie et leur rythme et sont en outre marqués par des tempos inhabituels, 5-8 ou 7-4. En Aragon et en Navarre, la chanson (et la danse) populaire est la jota ; en Galice, la seguidilla ; les chants catalans ressemblent aux airs populaires du sud de la France. Les chants andalous, comme les danses de cette province, sont les plus beaux de tous, souvent véritablement orientaux par leur rythme et leur floraison. En Espagne, le gitan fait désormais partie intégrante de la vie populaire et il est parfois difficile de déterminer ce qui est *flamenco* et ce qui est espagnol. Cependant, des recueils (peu nombreux certes) ont été tentés de chansons tziganes.

Ailleurs dans cet article décousu, j'ai évoqué les *villancicos* et les premiers auteurs-compositeurs. Rendre justice à ces sujets nécessiterait beaucoup plus d'espace et une intention différente. Ceux qui s'y intéressent peuvent approfondir ces questions dans les différents ouvrages de Pedrell . Le recueil d'airs populaires espagnols le plus disponible est celui publié par P. Lacome et J. Puig y Alsubide (Paris, 1872). Il existe plusieurs recueils de chants basques ; On peut également citer la " Colección de Cantos Flamencos" de Demófilo (Séville, 1881), le recueil de chansons folkloriques andalouses de Cecilio Ocón et les "Cantos Populares Españoles " de F. Rodríguez Marín (Séville, 1882-3).

V

Après la corrida, la forme de divertissement la plus populaire en Espagne est la zarzuela, la seule forme d'art distinctive dans laquelle la musique espagnole a évolué, mais il n'y a eu aucun progrès ; la forme n'a pas changé, sauf peut-être jusqu'à dégénérer, depuis son invention au début du XVIIe siècle. Soriano Fuertes et d'autres écrivains ont consacré des pages au deuil parce que les compositeurs espagnols n'ont pas profité de l'occasion pour faire de la zarzuela quelque chose de plus grand et de plus important. Il n'en reste pas moins qu'ils ne l'ont pas fait, même si, petits et grands, ils ont tous pris part à l'écriture de ces divertissements. Mais comme ils ont trouvé la zarzuela, ils l'ont laissée. Il faut admettre que la forme est bien distincte de celle de l'opéra et ne doit pas être confondue avec elle. Et les Espagnols ont probablement raison lorsqu'ils affirment que la zarzuela est la mère de l' opéra -bouffe français. Il faut au moins admettre qu'Offenbach, Lecocq et leurs précurseurs doivent une partie du germe de leur inspiration à la forme espagnole. Aujourd'hui, les coffres à mélodies des marchés de la zarzuela sont pillés pour y trouver des airs de *revues françaises* et des airs populaires comme *La Paraguaya* et *Y... Como le Vá ?* étaient à l'origine dansés et chantés dans les théâtres espagnols. Le compositeur de ces airs, J. Valverde *fils* , a en effet trouvé le marché français si bon qu'il a émigré à Paris, et écrit depuis quelque temps *musique mélangée... une moitié de chaque nation* . Donc *La Rose de Grenade* , composée pour Paris, aurait pu être écrite pour l'Espagne, avec de légères altérations mélodiques et des allusions tauromachiennes dans le livre.

La zarzuela est généralement une pièce en un acte (bien qu'il soit parfois permis de la diviser en deux actes ou plus) dans laquelle la musique est librement interrompue par un dialogue parlé, qui à son tour cède la place aux danses nationales. Très souvent, la partition entière est aussi bien dansée que chantée. Le sujet est généralement comique et souvent d'actualité, même s'il peut être sérieux, poétique, voire tragique. Les acteurs introduisent souvent leur propre dialogue, « s'étouffant » librement ; parfois, ils s'engagent dans de longues conversations impromptues avec des membres du public. Ils brodent aussi sur la musique à la manière des grands chanteurs du vieil opéra italien (le docteur de Lafontaine affirme que le public espagnol, même dans les cabarets, demande de telles broderies). La musique est vive et vive, et dans les danses, andalouse, *flamenco* ou sévillane , selon le cas, elle atteint ses meilleurs résultats. HV Hamilton, dans son essai sur le sujet dans le Grove's Dictionary, dit : « La musique est... susceptible d'avoir une forme vague lorsque les formes de danse nationale et de chants folkloriques sont évitées. L'orchestration est un peu flagrante. On voit que cette description convient *aux Goyescas* (l'opéra) de Granados, qui se trouvent sur leur terrain le plus sûr pendant les danses et deviennent excessivement vagues à d'autres moments ; mais *Goyescas* n'est pas une zarzuela, car il n'y a pas de dialogue parlé. Sinon, il porte les marques. Une zarzuela se situe quelque part entre une *revue française* et un opéra -comique. Cependant, son ton est généralement plus informel que celui-ci et souvent nettement plus sérieux que le premier. Tous les musiciens espagnols depuis l'invention de cette forme (à l'exception, bien entendu, de certains compositeurs exclusivement religieux), et la plupart des poètes et des dramaturges, en ont fourni de nombreux exemples. Ainsi Calderón écrivit la première zarzuela, et Lope de Vega contribua aux paroles des divertissements dans le même ordre. De nos jours, Miguel Echegaray, frère de José Echegaray, a écrit l'une des zarzuelas les plus populaires, *Gigantes y Cabezudos* (la musique de Caballero). Le sujet est la fête de Santa María del Pilar. Il a connu de nombreuses années et est souvent relancé. Une autre zarzuela très populaire, qui a été presque, sinon tout à fait, entendue à New York, est *La Gran Vía* (de Valverde, *père*), qui a été jouée à Londres sous une forme prolongée. Les principaux théâtres de la zarzuela à Madrid sont (ou étaient jusqu'à récemment) celui de la Calle de Jovellanos, appelé Teatro de Zarzuela, et l'Apolo. Habituellement, quatre zarzuelas distinctes sont jouées en une seule soirée devant autant de publics.

La Gran Vía , qui à certains égards peut être considérée comme une zarzuela typique, consiste en une série de airs de danse, sans plus d'homogénéité que ne le suggère leur signification nationale. Il y a une introduction et une polka, une valse, un tango, une jota, une mazurka, une schottische, une autre valse et un *paso-doble en deux temps* . Les airs ont peu de distinction ; l'orchestration ne peut pas non plus être considérée comme brillante. Il y a beaucoup de bruit et de rythmes variés, et lorsqu'il est présenté correctement, l'effet doit être précisément celui d'une des salles de danse décrites par Chabrier. La zarzuela, pour être dégustée, doit en effet être vue en Espagne. Comme la danse espagnole, elle nécessite un public spécial pour en faire ressortir le meilleur. Il faut qu'il y ait une certaine électricité, au moins un élément de sympathie, pour mener à bien l'affaire. L'examen des partitions de zarzuelas (beaucoup d'entre elles ont été imprimées et certaines d'entre elles sont visibles dans nos bibliothèques) convaincra quiconque que M. Ellis parle avec douceur lorsqu'il dit que les Espagnols aiment le bruit. Cependant, la combinaison de ce bruit avec de belles femmes, des danses, un rythme élaboré et un public criant, semble presque égaler la danse du café-concert et les spectacles tauromachis dans l'affection populaire espagnole. (Bien sûr, comme je l'ai suggéré, il existe des zarzuelas plus sérieuses mélodiquement et dramatiquement ; mais comme *La Gran Vía* est fréquemment mentionnée par les écrivains comme l'un des exemples les plus populaires, elle peut être choisie comme typique du plus grand nombre de ces divertissements.)

HV Hamilton dit que la première représentation d'une zarzuela eut lieu en 1628 (Pedrell donne la date du 29 octobre 1629), sous le règne de Felipe IV, dans le Palais de la Zarzuela (ainsi appelé parce qu'il était entouré de *zarzas* , de ronces).). Il s'appelait *El Jardín de Falerina* ; le texte était du grand Calderon et la musique de Juan Risco, maître de chapelle de la cathédrale de Cordoue, selon M. Hamilton, qui suit sans doute Soriano Fuertes sur ce détail. Soubies , à la suite des études plus modernes de Pedrell , donne à José Peyró le crédit. Pedrell , dans son œuvre richement documentée "Teatro Lírico Español anterior al siglo XIX", attribue la musique de cette zarzuela à Peyró et en donne un exemple. Le premier opéra espagnol date de la même période, *La Selva sin Amor de Lope de Vega* (1629). En effet, de nombreux Des pièces de Calderon et de Lope de Vega ont été jouées avec de la musique pour intensifier l'effet de la déclamation, et des levers de rideau et des intermèdes musicaux ont été joués avant et au milieu de toutes. Parmi eux, Lana, Palomares, Benavente et Hidalgo. les musiciens qui ont contribué à la musique du théâtre de cette période ont écrit la musique de la zarzuela de Calderón, *Ni Amor se Libre de Amor*. Au même groupe appartiennent Miguel Ferrer, Juan de Navas, Sebastian Durón et Jerónimo de la Torre (Exemples de. la musique de ces hommes peut être trouvée dans le "Teatro Lírico " susmentionné. Jusqu'en 1659, les zarzuelas étaient écrites par les meilleurs poètes et compositeurs et fréquemment jouées lors des anniversaires royaux, lors des mariages royaux et à de nombreuses autres occasions, mais après cette date ; l'art tomba en déclin et semble avoir été en éclipse pendant tout le XVIIIe siècle. Selon Soriano Fuertes, le début du règne de Felipe V marqua l'introduction de l'opéra italien en Espagne (plus populaire que l'opéra espagnol à ce jour) et la décadence du nationalisme (des pages entières de Fuertes se lisent beaucoup comme les plaintes de l'opéra anglais moderne). compositeurs sur la négligence des compositeurs nationaux dans leur pays). En 1829, on assiste à un regain d'intérêt pour la musique espagnole et un conservatoire est fondé à Madrid. (Pour une discussion de cette période ultérieure, le lecteur pourra se référer à "La Opera Española en el Siglo XIX", d'Antonio Peña y Goñi, 1881.) Cet intérêt a été suscité par Fuertes et Pedrell , et les jeunes compositeurs d'aujourd'hui en tiennent compte. Il y a en effet un espoir que la musique espagnole puisse à nouveau reprendre sa place dans le monde de l'art.

Bien entendu, la zarzuela n'est pas née de nulle part et de rien, et ses véritables origines ne sont pas entièrement obscures. Il est généralement admis qu'un prêtre, Juan del Encina (né à Salamanque en 1468), fut le véritable fondateur du théâtre profane en Espagne. Ses compositions dramatiques sont de la nature d'églogues basées sur des modèles virgiliens. Dans chacun d'eux, il y a du chant et dans l'un d'eux, une danse. Isabelle la Catholique au XVe siècle avait toujours à sa disposition une troupe de musiciens et de poètes qui la réconfortaient et la consolaient dans sa chapelle avec des motets et *des plegarias* (français, *prière*), et dans les appartements royaux avec *des canciones* et *des villancicos* . (*Les canciones* sont des chants qui tendent vers la forme de la ballade. *Les villancicos* sont des chants dans l'ancienne mesure espagnole ; ils tirent leur nom de leur caractère rustique, car on suppose qu'ils furent d'abord composés par les *villanos* ou paysans pour la nativité et d'autres fêtes de l'église.) "Il faut rechercher les véritables origines du spectacle musical espagnol", affirme Soubies , "dans les *villancicos* et *les cantacillos* qui alternaient avec le dialogue dans les œuvres de Juan del Encina et Lucas Fernández, sans oublier les *ensaladas* , les *jácaras* , etc., qui servaient d'intermèdes et de lever de rideau. Celles-ci étaient chantées devant le rideau, avant que le drame ne soit joué (et pendant les intervalles, avec des plaisanteries ajoutées) par des femmes en tenue de cour, et créaient plus tard une forme qui leur était propre (en plus de contribuer à la création de la zarzuela), la *tonadilla* . qui, accompagné d'une guitare ou d'un violon et entrecoupé de danses, fut très populaire pendant plusieurs années. HV Hamilton a probablement raison lorsqu'il dit : « Que la première zarzuela ait été écrite avec un désir exprès d'expansion et de développement n'est cependant pas si certain qu'elle soit le résultat du désir d'inaugurer la nouvelle maison du divertissement avec quelque chose de complètement original et nouveau.

VI

Nous avons le témoignage de Richard Ford selon lequel l'Espagne n'était pas très musicale à son époque. Le révérend Henry Cart de Lafontaine affirme que les offices musicaux contemporains dans les églises ne sont pas à considérer sérieusement d'un point de vue artistique. Emmanuel Chabrier était impressionné par le fait que la musique pour danser était presque entièrement rythmée, grattée grossièrement à la guitare, les spectateurs faisant cependant un tel brouhaha qu'il était pratiquement impossible de distinguer une mélodie, s'il y en avait une. Et tous les observateurs pointent du doigt l'opéra italien, qui reste l' opéra préféré en Espagne (à Barcelone, au Liceo, trois semaines d'opéra en catalan sont données après la saison régulière en italien ; à Madrid, au Teatro-Real, la saison espagnole est dispersée à travers l'italien), et chez Señor Les concerts d'Arbós (le même Señor Arbós , ancien premier violon du Boston Symphony Orchestra), où les concertos brandebourgeois et les symphonies de Beethoven sont plus fréquemment interprétés que les œuvres d'Albéniz. Il existe encore, et il y a toujours eu au cours du siècle dernier, des compositeurs espagnols, dont certains ont fait un peu de bruit au dehors, bien que beaucoup se soient contentés de consacrer leur énergie artistique à la fabrication de zarzuelas. en d'autres termes, faire beaucoup de bruit en Espagne. Dans la plupart des cas modernes, cependant, on a assisté à un regain d'intérêt pour les formes nationales, et les chants et danses folkloriques ont apporté leur part importante à l'œuvre des compositeurs. Personne n'a fait plus pour encourager cet intérêt pour le nationalisme que Felipe Pedrell , dont on peut dire qu'il a commencé en Espagne l'œuvre que les « Cinq » ont accomplie en Russie. Pedrell dit dans son « Manuel » (Barcelone, 1891 ; Heinrich and Co. ; traduction française de Bertal ; Paris, Fischbacher) : « La chanson populaire, la voix du peuple, la pure inspiration primitive du chanteur anonyme, passe par le alambic de l'art contemporain et on obtient ainsi sa quintessence ; le compositeur l'assimile puis la révèle sous la forme la plus délicate que la musique seule est capable de rendre la forme dans son aspect technique, ceci grâce à l'extraordinaire développement de la technique de notre art dans cette époque. Le chant populaire prête l'accent, le fond, et l'art moderne prête tout ce qu'il possède, son symbolisme conventionnel et la richesse de forme qui est son patrimoine. Le cadre s'agrandit de telle façon que le *lied* fait sa correspondance . peut-on dire alors que le drame lyrique national est le même *lied* élargi ? Le drame lyrique national n'est-il pas le produit de la force d'absorption et de la puissance créatrice qui n'y reflète-t-il pas fidèlement non seulement l'idiosyncrasie artistique de chacun ? compositeur, mais toutes les manifestations artistiques du peuple ? Il y a toujours une recherche de nouveaux compositeurs en Espagne et toujours l'espoir de voir venir un homme qui sera acclamé par le monde. En conséquence, les jeunes compositeurs espagnols reçoivent souvent plus d'adulation qu'ils ne le méritent. Il faut se rappeler que la musique espagnole la plus réussie n'est pas sérieuse, les Espagnols sont plutôt eux-mêmes dans la veine plus légère.

J'hésite un instant sur le nom de Martin y Solar, né à Valence ; décédé à Saint-Pétersbourg en 1806 ; appelé "L'Italien" par les Espagnols en raison de son style musical, et "lo Spagnuolo" par les Italiens. Da Ponte a écrit pour lui plusieurs livres d'opéra, entre autres *l'Arbore di Diana* , *la Cosa Rara* et *La Capricciosa Corretta* (une version de *La Mégère apprivoisée*). Il est évident qu'il n'a aucune importance si on le considère comme un compositeur typiquement espagnol et je lui ai fait cette légère référence uniquement pour raconter comment Mozart a cité un air d'un de ses opéras dans la scène du souper de *Don Giovanni* . À l'époque, Martin y Solar était plus apprécié à Vienne que Mozart lui-même et l'air en question était aussi connu que la valse de Musetta nous est connue.

Juan Chrysostomo Arriaga, né à Bilbao en 1808 ; décédé en 1828 (ces dates sont données dans Grove : 1806-1826), c'est une autre affaire. Il aurait pu devenir plus connu s'il avait vécu plus longtemps. À l'heure actuelle, une partie de sa musique a été jouée à Londres et à Paris, et peut-être en Amérique, bien que je n'en ai aucune trace. Il étudie à Paris au Conservatoire, auprès de Fétis pour l'harmonie et de Baillot pour le violon. Avant même de venir à Paris, enfant, sans aucune connaissance des règles de l'harmonie, il avait écrit un opéra ! Cherubini a déclaré sa fugue à huit voix sur les paroles du Credo "Et Vitam Venturi" un véritable chef d'œuvre , du moins il existe une légende à cet effet. En 1824, il écrit trois quatuors, une ouverture, une symphonie, une messe et quelques cantates et romances françaises. García considérait son opéra *Los Esclavos Felices* si bon qu'il tenta, sans succès, d'obtenir une audience à Paris. Elle a été jouée à Bilbao, ville qui, je crois, a célébré le centenaire de la naissance du compositeur.

Manuel García nous est plus connu comme chanteur, imprésario et père que comme compositeur ! Il n'en écrivit pas moins beaucoup de musique (Mme Malibran aussi ; pour une liste des compositions de la diva je dois renvoyer le lecteur à la biographie d'Arthur Pougin). Fétis énumère dix-sept opéras espagnols, dix-neuf italiens et sept français de García. Il fait produire des œuvres à Madrid, à l'Opéra de Paris (*La mort du, Tasse* et *Florestan*), aux Italiens de Paris (*Fazzoletto*), à l'Opéra-Comique de Paris (*Deux Contrats*) et dans de nombreux autres théâtres. Cependant, en fin de compte, la réputation de Manuel García repose toujours sur son chant et sur ses filles. Ses compositions sont oubliées ; et sa musique, en grande partie probablement, n'était pas véritablement espagnole. (Cependant, j'ai entendu une polo [sérénade] d'un opéra appelé *El Poeta Calculista*, qui est si espagnole en accent et en harmonie - et si belle - qu'elle a trouvé sa place dans une collection d'airs populaires !)

Miguel Hilarión Eslava (né à Burlada le 21 octobre 1807, mort à Madrid le 23 juillet 1878) est surtout célèbre pour sa compilation, la "Lira Sacra-Hispana ", mentionnée ci-dessus. Il composa également plus de 140 morceaux de musique religieuse, messes, motets, chants, etc., après avoir été nommé maître de chapelle de la reine Isabelle en 1844, ainsi que plusieurs opéras, dont *El Solitario*, *La Tregua del Ptolemaide* et *Pedro el Cruel*. Il a également écrit plusieurs livres de théorie et de composition : « Método de Solfeo » (1846) et « Escuela de Armonía y Composición » en trois parties (harmonie, composition et mélodie). Il édita (1855-6) la "Gaceta Musical de Madrid".

Il y a le célèbre virtuose Pablo de Sarasate, qui écrivait de la musique, mais sa mémoire est peut-être mieux préservée dans le portrait diabolique de Whistler que dans ses propres compositions.

Felipe Pedrell (né le 19 février 1841) est peut-être aussi plus important en tant qu'écrivain sur des sujets musicaux et pour son influence sur la jeune école de compositeurs (il enseigne au conservatoire de Barcelone et son attitude envers le nationalisme a déjà été évoquée), qu'il ne l'est en tant que compositeur. Pourtant, Edouard Lopez-Chavarri n'hésite pas à considérer sa trilogie *Los Pireneos* (Barcelone, 1902 ; le prologue fut joué à Venise en 1897) comme l'œuvre la plus importante pour le théâtre écrite en Espagne. Son premier opéra, *El Último Abencerraje*, a été produit à Barcelone en 1874. Certaines de ses autres œuvres sont *Quasimodo*, 1875 ; *El Tasso à Ferrara*, *Cléopâtre*, *Mazeppa* (Madrid, 1881), *La Celestina* (1904) et *La Matinada* (1905). JA Fuller-Maitland dit que l'influence de Wagner se retrouve dans toutes ses œuvres scéniques. (Wagner est adoré en Espagne ; *Parsifal* a été donné dix-huit fois en un mois au Liceo de Barcelone.) Si cela est vrai, son cas présentera d'autres ressemblances avec celui des « Cinq » russes, qui avaient du mal à exorciser toutes les influences étrangères dans leur poursuite du nationalisme.

Il fut nommé membre de l'Académie espagnole en 1894 et devint peu après professeur d'histoire musicale et d'esthétique au Conservatoire Royal de Madrid. Outre son « Hispaniae Schola Musica Sacra », il a écrit un certain nombre d'autres livres et traduit le traité de Richter sur l'harmonie en espagnol. Il a fait plusieurs excursions dans l'histoire du folklore et les principaux résultats sont contenus dans " Músicos Anónimos " et " Por nuestra Música ". D'autres œuvres sont " Teatro Lírico Español anterior al siglo XIX ", " Lírica Nacionalizada ," "De Música Religiosa", " Músiquerias y más Músiquesias ." Un de ses livres, " Músicos Contemporains et autres Tiempos " (dans la bibliothèque de la Société Hispanique de New York) est très catholique dans son éventail de sujets. Il comprend des essais sur le *Don Quichotte* de Strauss, le *Boris Godunow* de Moussorgski , Smetana, Manuel García, Edward Elgar, Jaques-Dalcroze. , Bruckner, Mahler, Albéniz, Palestrina, Busoni et la dixième symphonie de Beethoven !

Dans l'extraordinaire compilation de John Towers, "Dictionnaire-Catalogue d'Opéras", il est indiqué que Manuel Fernández Caballero (né en 1835) a écrit soixante-deux opéras, et leurs noms sont donnés. Il fut l'élève de Fuertes (harmonie) et d'Eslava (composition) au Conservatoire de Madrid et devint plus tard très populaire en tant qu'écrivain de zarzuelas. J'ai déjà évoqué ses *Gigantes y Cabezudos* dont Miguel Echegaray a fourni le livre. Parmi ses autres œuvres sous cette forme figurent *Los Dineros del Sacristán* , *Los Africanistas* (Barcelone, 1894), *El Cabo Primero* (Barcelone, 1895) et *La Rueda de la Fortuna* (Madrid, 1896).

Lors d'un concert donné à l'Hippodrome de New York, le 3 avril 1911, Mme. Tetrazzini a chanté une chanson espagnole, qui a été évoquée le lendemain par les critiques du « New York Times » et du « New York Globe ». A vrai dire, la soprano a fait un grand effet avec cette chanson, bien qu'elle ait été écrite pour une voix basse. C'était *Carceleras* , de la zarzuela *Las Hijas de Zebedeo* de Ruperto Chapí . Chapí était l'un des compositeurs les plus prolifiques et les plus populaires d'Espagne au siècle dernier. Il a produit d'innombrables zarzuelas et neuf enfants. Il est né à Villena le 27 mars 1851 et est décédé le 25 mars 1909, quelques mois avant son compatriote Isaac Albéniz. Il fut admis au conservatoire de Madrid en 1867 comme élève de piano et d'harmonie. En 1869, il obtient le premier prix d'harmonie et continue à obtenir des prix jusqu'à ce qu'en 1874 il soit envoyé à Rome par l'Académie des Beaux-Arts. Il séjourne quelque temps en Italie et à Paris. En 1875, le Teatro Real de Madrid joua *La Hija de Jefté* envoyée de Rome. Voici une liste incomplète de ses opéras et zarzuelas : *Vía Libre* , *Los Gendarmes* , *El Rey que Rabió* (3 actes), *El Cura del Regimiento* , *El Reclamo* , *La Tempestad* , *La Bruja* , *La Leyenda del Monje* , *Las Campanadas* , *La Czarina* , *El Milagro de la Virgen* , *Roger de Flor* (3 actes), *Las Naves de Cortés, irce* (3 actes), *Aqui Hase Farta un Hombre* , *Juan Francisco* (3 actes, 1905 ; réécrit et présenté en 1908 sous le titre *Entre Rocas*) , *Los Madrileños* (1908), *La Dama Roja* (1 acte, 1908), *Hesperia* (1908), *Las Calderas de Pedro Botero* (1909) et *Margarita la Tornera* , présentées juste avant sa mort sans succès.

Ses autres œuvres comprennent un oratorio, *Los Ángeles* , un poème symphonique, *Escenas de Capa y Espada* , une symphonie en ré, *Fantaisie mauresque* pour orchestre, une sérénade pour orchestre, un trio pour piano, violon et violoncelle, des chansons, etc. Chapí était président de la Société des Auteurs et Compositeurs et, à sa mort, le roi et la reine d'Espagne envoyèrent un télégramme de condoléances à sa veuve. Il existe un exemplaire de sa zarzuela, *Blasones y Talegas,* à la bibliothèque publique de New York.

J'ai déjà parlé de *La Dolorès* . Il fait partie d'une longue série d'opéras et de zarzuelas écrits par Tomás Bretón y Hernández (né à Salamanque le 29 décembre 1850). Créée à Madrid en 1895, elle a été chantée avec succès dans des capitales aussi lointaines que Buenos Ayres et Prague. Une Espagnole au goût impeccable m'a assuré que *La Dolores* est charmante, délicieuse par sa mélodie fluide et ses rythmes saisissants, d'un style typiquement espagnol, mais sûre de trouver grâce en Amérique, si elle était produite ici. Notre propre Eleanora de Cisneros, lors d'un bénéfice du Press Club à Barcelone, est apparue dans la zarzuela de Bretón, *La Verbena de la Paloma* . Une autre zarzuelas célèbre de Bretón est *Los Amantes de Teruel* (Madrid, 1889). Ses œuvres pour le théâtre incluent également *Tabaré* , pour lequel il a écrit à la fois des paroles et de la musique (Madrid, 1913) ; *Don Gil* (Barcelone, 1914) ; *Garín* (Barcelone, 1891) ; *Raquel* (Madrid, 1900) ; *Guzmán el Bueno* (Madrid, 1876) ; *El Certamen de Crémone* (Madrid, 1906) ; *Le Campanero de Begoña* (Madrid, 1878) ; *Le Barberillo fr Oran* ; *Corona contre Corona* (Madrid, 1879) ; *Los Amores de un Príncipe* (Madrid, 1881) ; *El Clavel Rojo* (1899); *Covadonga* (1901) ; et *El Domingo de Ramos* , paroles d'Echegaray (Madrid, 1894). Ses œuvres pour orchestre comprennent : *En la Alhambra* , *Los Galeotes* et *Escenas. Andaluzas* , une suite. Il a écrit trois quatuors à cordes, un trio avec piano, un quintette avec piano et un oratorio en deux parties, *El Apocalipsis* .

Tomas Breton

Bretón est en grande partie autodidacte et il existe une légende selon laquelle il aurait dévoré lui-même «d'École de composition» d'Eslava. Il a en outre écrit la musique et dirigé un cirque pendant plusieurs années. À la fin des années 70, il dirigea un orchestre et fonda une nouvelle société, l'Unión Artística Musical, qui aurait été le début du mouvement moderne en Espagne. Il peut être éclairant sur le goût musical espagnol à cette époque de mentionner le fait que la représentation de *la Danse macabre de Saint-Saëns* a failli créer une émeute. Plus tard , Bretón voyagea. Il s'est produit comme chef d'orchestre à Londres, Prague et Buenos Ayres, entre autres villes hors d'Espagne, et lorsque le Dr Karl Muck a quitté Prague pour Berlin, il a été invité à lui succéder dans la capitale bohème. Lors du concours organisé par la revue "Blanco y Negro" en 1913 pour déterminer qui était l'écrivain, poète, peintre, musicien, sculpteur et toréador le plus populaire d'Espagne, Bretón, en tant que musicien, a obtenu le plus de voix. présente le directeur du Conservatoire Royal de Madrid.

Aucun compositeur espagnol (ancien ou moderne) n'est plus connu hors d'Espagne qu'Isaac Albéniz (né le 29 mai 1861 à Comprodon ; mort à Cambo, dans les Pyrénées, le 25 mai 1909). Sa renommée repose presque entièrement sur douze pièces pour piano (réparties en quatre livres) intitulées collectivement *Iberia* , que tous les spectateurs connaissent. Elles ont été interprétées ici par Ernest Schelling, Leo Ornstein et George Copeland, entre autres virtuoses… Je pense qu'une ou deux de ces pièces doivent figurer dans le répertoire de tout pianiste moderne. Albéniz n'a pas imprégné sa culture musicale en Espagne et jusqu'au jour de sa mort, il était plus amical avec le groupe de compositeurs français modernes qu'avec ceux de son pays natal. Dans sa musique, il voit l'Espagne avec les yeux des Français. Il étudia à Paris avec Marmontel ; à Bruxelles avec Louis Brassin ; et à Weimar avec Liszt (il est mentionné dans la longue liste d'élèves dans la biographie de Liszt par Huneker, mais il n'y a aucun autre récit de lui dans ce livre) ; il étudie la composition avec Jadassohn , Joseph Dupont et F. Kufferath . Son poème symphonique, *Catalogne* , a été interprété à Paris par l' Orchestre Colonne . Je n'ai aucune trace d'une quelconque performance américaine. Pendant un temps , il se consacre au piano. C'était un virtuose et il a même joué à Londres, mais plus tard dans sa vie, il a abandonné cette carrière pour se consacrer à la composition. Il a écrit plusieurs opéras et zarzuelas, parmi lesquels un opéra léger, *The Magic Opal* (produit à Londres, 1893), *Enrico Clifford* (Barcelone, 1894 ; entendu plus tard à Londres), *Pepita Jiménez* (Barcelone, 1895 ; ensuite donné au Théâtre de la Monnaie à Bruxelles), et *San Antonio de la Florida* (produit à Bruxelles sous le titre *l'Ermitage Fleurie*). Il laisse inachevé à sa mort un autre opéra destiné à être produit à Bruxelles à la Monnaie , *Merlin l'Enchanteur* . Aucun de ses opéras, à l'exception de *Pepita Jiménez* , qui a été joué, me dit-on, dans tous les pays espagnols, n'a obtenu de succès particulier, et c'est *Iberia* et quelques autres pièces pour piano qui lui serviront à garder la mémoire verte.

Juan Bautista Pujol (1836-1898) acquit une réputation considérable en Espagne en tant que pianiste, professeur et compositeur de cet instrument. Il a également écrit une méthode destinée aux étudiants en piano intitulée "Nuevo Mecanismo del Piano". Son autre mérite d'attention est dû au fait qu'il était l'un des professeurs de Granados.

Les noms de Pahissa (à la fois comme chef d'orchestre et compositeur ; une de ses œuvres symphoniques s'appelle *Le Combat*), García Robles, représenté par un *Epitalame* , et Gibert, avec deux *Marines* , figurent au programme des deux concerts consacrés principalement à Musique espagnole, au cours de laquelle (Barcelone, 1910 ; chef d'orchestre Franz Beidler) fut interprété *Dante de Granados.*

E. Fernández Arbós (né à Madrid le 25 décembre 1863) est plus connu comme chef d'orchestre et violoniste que comme compositeur. Pourtant, il a écrit de la musique, notamment pour son propre instrument. Il fut l'élève de Vieuxtemps et de Joachim ; et il a beaucoup voyagé, enseignant au Conservatoire de Hambourg et agissant comme violon solo de l'Orchestre symphonique de Boston et des Orchestres de Glasgow. Il est depuis quelque temps professeur au Conservatoire de Madrid , où il donne des concerts d'orchestre et de musique de chambre, tant là-bas qu'à Londres. Il a écrit au moins un opéra léger, vraisemblablement une zarzuela, *El Centro de la Tierra* (Madrid ; 22 décembre 1895) ; trois trios pour piano et cordes, des chansons et une suite orchestrale.

J'ai déjà évoqué les Valverde , père et fils. Le père, en collaboration avec Federico Chueca , a écrit *La Gran Vía* . De nombreuses autres zarzuelas populaires sont signées par lui. Le fils a vécu si longtemps en France qu'une grande partie de sa musique est dans le style du music-hall français ; c'est aussi dans une veine populaire. Toujours dans ses meilleurs tangos, il frappe une note folklorique espagnole à ne pas mépriser. Il a écrit la musique de la pièce *La Maison de Danses* , montée avec Polaire au Vaudeville à Paris, et de deux de ses opérettes, *La Rose de Grenade* et *l'Amour. fr Espagne* , ont été jouées à Paris, non sans succès, me dit La Argentina, qui y a dansé. D'autres compositeurs modernes qui m'ont été mentionnés sont Manuel de Falla, Joaquín Turina (George Copeland a joué son *A los Toros*), Usandizaga (décédé en 1915), le compositeur de *Las Golondrinas* , Oscar Esplá , Conrado del Campo et Enrique Morera.

Enrique Granados fut peut-être le premier des compositeurs espagnols importants à visiter l'Amérique du Nord. Sa place dans la liste des musiciens ibériques modernes est sans aucun doute élevée ; mais il ne faut pas tenir pour acquis que *toute* la meilleure musique d'Espagne traverse les Pyrénées (pour les raisons déjà évoquées, il est évident qu'une partie de la musique espagnole ne pourra jamais être entendue avec profit en dehors de l'Espagne), et il ne faut en aucun cas tenir pour acquis il va de soi que Granados était un plus grand musicien que plusieurs de ceux qui vivent à Barcelone et à Madrid sans faire d'excursions dans le monde extérieur. Dans son propre pays, on m'a dit que Granados était surtout admiré en tant que pianiste, et ses performances sur cet instrument à New York l'ont marqué comme un artiste interprète original, capable d'extraire la dernière signification tonale de ses propres compositions pour pianoforte, qui sont sa meilleure œuvre.

Peu de temps après son arrivée à New York, il déclara à plusieurs journalistes que l'Amérique ne connaissait rien à la musique espagnole et que *Carmen de Bizet* n'était en aucun cas espagnole. Je ne prétends pas que *Carmen* soit espagnole, mais elle est efficace, et *Goyescas* en tant qu'opéra ne l'est pas. En premier lieu, son orchestration trouble et flagrante nuirait à son pouvoir de plaire (cette opinion pourrait fort bien être modifiée si l'opéra était donné en Espagne dans des conditions espagnoles). La partition manuscrite de *Goyescas* repose aujourd'hui au Musée de la Société Hispanique, dans ce charmant quartier de New York où les immeubles portent les noms de Goya et de Velasquez, et il est intéressant de noter qu'il s'agit d'une partition *pour piano* . Qu'est devenue la partition orchestrale et qui en était responsable, je l'ignore. Il est certain cependant que le charme miniature des *Goyescas* devient plus évident dans la version pour piano, interprétée par Ernest Schelling ou le compositeur lui-même, que dans la version lyrique. L'évolution de l'œuvre est intéressante. Des fragments en ont pris forme dans le cerveau et sur papier du compositeur il y a dix-sept ans, résultat de l'étude des peintures de Goya au Prado. Ces fragments ont été moulés dans une suite en 1909, puis à nouveau dans un opéra en 1914 (ou avant). F. Periquet , le librettiste, fut chargé d'adapter les mots à la partition, tâche qu'il accomplit avec difficulté. L'espagnol n'est pas une langue facile à chanter. À Mme. Barrientos, cela explique le nombre relativement faible d'opéras espagnols. *Les Goyescas* , comme beaucoup de zarzuela, sont en retard lorsque les rythmes de la danse cessent. Je trouve moi-même peu de joie à écouter *La Maja y el Ruiseñor* ; en fait, toute la dernière scène semble banale à mes oreilles. Dans les quatre volumes de danses espagnoles que Granados a écrites pour piano (publiés par la Sociedad Anónima Casa Dotesio de Barcelone), je me console de mon manque d'intérêt pour *les Goyescas* . Ces belles danses combinent dans leur forme artistique tous les éléments des danses folkloriques telles que je les ai décrites. Ils témoignent d'une étude minutieuse et d'une connaissance intime des originaux. Et tout pianiste, amateur ou professionnel, prendra plaisir à les jouer.

Enrique Granados y Campina est né le 27 juillet 1867 à Lerida, en Catalogne. (Il décède le 24 mars 1916 ; passager du *Sussex*, torpillé dans la Manche.) De 1884 à 1887, il étudie le piano auprès de Pujol et la composition auprès de Felipe Pedrell au Conservatoire de Madrid. Que ce dernier fût son maître supposait de sa part une connaissance précieuse des trésors du passé de l'Espagne et que, je pense, nous pouvons le lui accorder en toute sécurité. Il y a, me dit-on, une intéressante combinaison de classicisme et de folklore dans son œuvre. Quoi qu'il en soit, Granados était un fidèle disciple de Pedrell . En 1898, son opéra *María del Carmen* fut créé à Madrid et a depuis été joué à Valence. Barcelone et d'autres villes espagnoles. Cinq ans plus tard, quelques fragments d'un autre opéra, *Foletto* , furent produits à Barcelone. Son troisième opéra, *Liliana* , fut produit à Barcelone en 1911. Il écrivit de nombreuses chansons sur des textes du poète Apeles Mestres ; Chansons galiciennes, deux poèmes symphoniques, *La Nit del Mort* et *Dante* (interprétés par l'Orchestre Symphonique de Chicago pour la première fois en Amérique lors des concerts des 5 et 6 novembre 1915) ; un trio avec piano, un quatuor à cordes et divers livres de musique pour piano (*Danzas Españolas* , *Valses Poéticos* , *Bocetos* , *etc.*).

New York, 20 mars 1916.

Le pays de la joie

" *En Espagne, la danse est bien plus qu'un divertissement. Elle fait partie de ce rituel solennel qui entre dans toute la vie du peuple. Elle exprime son esprit même.* "

Havelock Ellis.

Le pays de la joie

Un observateur paresseux des conditions théâtrales pourrait éprouver un certain plaisir ironique à remarquer la contradiction impliquée dans l'admiration déclarée des agents de la salle de spectacle pour le non conventionnel et leur adoration presque passionnée pour le conventionnel. Nous entendons constamment dire que le public réclame de la nouveauté, et tout aussi constamment nous voyons le même genre de jeu d'acteur, les mêmes gestes, les mêmes mitchellismes de Julian, les marionismes de George et les mêmes wayburnismes de Ned, répétés en toute saison et hors saison, été comme hiver. En effet, certaines conventions (qui nous ennuient encore aujourd'hui) sont si profondément enracinées dans le sol de notre théâtre que je ne vois aucun espoir de les voir éradiquées avant l'année 1999, date à laquelle d'autres conventions les auront supplantées et seront elles aussi devenues ennuyeuses. .

A cet égard, notre théâtre ne diffère pas sensiblement des théâtres des autres pays, sauf sur un point particulier. En Europe, la juxtaposition des nations rend possible un échange de conventions, qui entraîne un changement lent ou une révolution rapide. Paris, par exemple, a reçu des visites du Ballet russe qui ont presque pris les proportions d'invasions tartares. Londres a également été envahie par les Russes et les Irlandais. En effet, les dramaturges irlandais ne cessent de dénoncer la complaisance de la classe moyenne britannique. L'Allemagne, à son tour, a été envahie par l'Angleterre (on regrette que cette phrase n'ait qu'une signification artistique et figurative), et on trouve Max Reinhardt en bonne voie pour donner un cycle complet des pièces de Shakespeare ; il y a quelques années , nous aurions pu observer l'Allemagne ramper hystériquement devant *Salomé d'Oscar Wilde* , une pièce qui, du moins sans son habillage musical, n'a pas, je crois, encore été jouée publiquement à Londres. En Italie, bien sûr, il n'y a pas d'invasions artistiques (personne ne veut les payer) et même les conventions du théâtre italien elles-mêmes, comme la *Commedia del'Arte* , sont complètement mortes ; ainsi le pays reste aussi endormi, artistiquement parlant, qu'un tapis en lambeaux, jusqu'à ce qu'un passionné comme Marinetti se lève pour le prendre entre ses dents et le remettre en lambeaux.

Très souvent, des rumeurs sur la vie artistique sur le théâtre étranger (comme les récits des réalisations de Stanislavski à Moscou) traversent l'Atlantique. Très souvent, les enveloppes des réalités (comme ce fut le cas pour le Ballet russe) sont importées. Mais les chuchotements et les brouillons ont à peu près autant d'influence que le "New York Times" dans une campagne pour la mairie, et en conséquence nous trouvons le théâtre américain aussi peu conscient des activités mondiales dans le drame qu'un sourd-muet vivant sur un poteau dans le désert. du Sahara le serait. En effet, tout enquêteur étranger intrépide qui souhaite étudier le drame américain, le jeu d'acteur américain et la décoration scénique américaine les trouvera dans un état presque aussi vierge qu'ils l'étaient à l'époque de Lincoln.

Quelques agressions grossières ont été lancées contre cette eupepsie suffisante. Je pourrais citer l'arrivée de Paul Orleneff , qui a quitté Alla Nazimova avec nous pour finalement être englouti dans le théâtre conventionnel américain. Il y a quatre ou cinq ans, une troupe de comédiens noirs a donné au Théâtre Lafayette une représentation d'une revue musicale qui sonnait comme la grosse cloche du Kremlin de Moscou. Personne ne pouvait être sourd aux sons. Florenz Ziegfeld a repris autant d'airs et de gestes qu'il pouvait acheter pour ses *Folies* de cette saison, mais il a négligé d'importer la qualité essentielle du divertissement, son style, pour l'exploitation duquel les acteurs noirs étaient indispensables. Depuis deux mois, Mimi Aguglia, l'une des plus grandes actrices du monde, se produit dans une succession de pièces classiques et modernes (un répertoire comprenant des drames de Shakespeare, d'Annunzio et Giacosa) au Théâtre Garibaldi, rue Est. Fourth Street, devant un public très nombreux et très enthousiaste, mais la culture des quartiers chics et le sens du management ne prendront conscience de l'importance de ce geste que lorsqu'ils liront ce sujet dans un livre publié en 1950.

Tout cela n'est qu'un prélude à ce qui, selon moi, doit être quelque chose de la nature d'une explosion lyrique et d'une explosion verbale. Il y a quelques nuits , une compagnie espagnole, méconnue, méconnue, voire presque mal accueillie par les critiques qui devaient se rendre péniblement au Park Theatre, à l'écart, est venue à New York dans une revue musicale intitulée *The Land of Joy* . La musique a été écrite par Joaquín Valverde, *fils* , dont la musique ne nous est pas inconnue, et la compagnie comprenait La Argentina, une danseuse espagnole qui avait donné des matinées ici la saison dernière sans susciter plus qu'un léger enthousiasme. Les impressionnistes du théâtre , les éditeurs de chansons et la populace de Broadway sont restés à l'écart le premier soir. C'était très bien, auraient-ils pu raisonner, de lire ce qui se passait en Espagne, mais ils ne le feraient jamais en Amérique. Les danseurs espagnols avaient été importés dans le passé sans susciter un enthousiasme excessif. La grande Carmencita elle-même n'a-t-elle pas visité l'Amérique il y a vingt ans ou plus ? Ces impressionnistes avaient ignoré l'existence d'une grande vérité psychologique (ou plus proprement physiologique) : on ne peut pas mélanger la Bourgogne et la Bière ! Un danseur espagnol entouré d'Américains est tout aussi perdu que le grand Nijinsky lui-même dans un music-hall anglais, où il a commis un échec complet et lamentable. Aussi auraient - ils été très étonnés (s'ils avaient été présents) lors de la soirée d'ouverture d'avoir assisté à la répétition de toutes les scènes d'enthousiasme incontrôlable, telles qu'elles sont décrites par Havelock Ellis, Richard Ford et Chabrier. Le public, en effet, est devenu hystérique et s'est mis à crier sauvagement : *Olé ! Olé !* Des chapeaux ont été jetés sur scène. Le public est devenu aussi abandonné que les joueurs et est devenu partie intégrante de l'action.

Vous trouverez tout cela décrit dans « L'Âme de l'Espagne », dans « Rassemblements d'Espagne », dans les lettres de Chabrier, et tout cela avait été transplanté à New York presque sans un murmure de préparation, ce qui est heureux, car si cela avait été attendu, nous aurions sans doute trouvé le moyen de le gâcher. Imaginez le public new-yorkais moyen du premier soir, raide et inflexible, sceptique et sardonique, accueillant cette exposition ! Havelock Ellis donne une explication ingénieuse du fait que la danse espagnole a rarement, voire jamais, réussi à franchir la frontière de la péninsule ibérique : « La plus belle danse espagnole est immédiatement tuée ou dégradée par la présence d'un public indifférent ou antipathique, et c'est probablement pourquoi il ne peut pas être transplanté, mais reste local. » Heureusement, les Espagnols présents dans l'audience de la première soirée ont donné le signal, ont débloqué les lèvres et desserré les mains de nous, froids Américains. Pour ma part, je criais bientôt *Olé !* plus fort que quiconque.

La danseuse, Doloretes , est effectivement extraordinaire. La fascination gitane, l'envoûtement abandonné et pervers de cette diablesse de la danse ne se décrit pas par la bouche, la machine à écrire ou la plume d'oie. Heine l'aurait mise à la tête de ses danseuses tentatrices dans son ballet de *Méphistophéla* (trouvé par Lumley trop indécent pour être représenté au Her Majesty's Theatre, pour lequel il avait été écrit ; malgré quoi le scénario fut publié dans la respectable "Revue de Deux Mondes "). Dans ce ballet, une série de célébrités dansantes est exhibée par la femelle Méphistophélès pour le divertissement de sa victime. Après que Salomé se soit tordu les flancs et exploité les prouesses de ses muscles abdominaux pour obtenir des applaudissements superficiels, Dolorète aurait fait chauffer le sang, non seulement de Faust, mais aussi des dames et des messieurs dans les stalles de l'orchestre, avec le claquement de ses talons, le claquement de ses talons. de ses castagnettes, tantôt tenues haut au-dessus de la tête , tantôt tenues bas derrière son dos, l'éclat de ses dents en ivoire, les cris stridents et le magenta électrique de son sourire, la ruse de ses tortillements, la passion de sa performance. Et tout près d'elle, la sinueuse Mazantinita arborait un tambourin criard et agitait un éventail hurlant. Tous les objets inanimés, châles, mantilles, peignes et cymbales, s'enflamment de vie, une fois mis au service de ces señoritas , langoureuses et rébarbatives, indifférentes et sensuelles. Face à ces gitans grossiers , la grâce raffinée et l'élégance goyaesque se détachent en haut relief, La Argentina, dans les mains de laquelle les castagnettes deviennent un instrument aussi puissant pour notre plaisir que le violon dans les doigts de Jascha Heifetz. Bilbao aussi, avec ses talons tonitruants et ses gestes tauromachiens , déroute nos sens hautement magnétisés. Quand, dans la danse, il poursuit, sans rattraper, l'insaisissable Doloretès , il semblerait que la limite des effets dynamiques au théâtre ait été atteinte.

d'après une photographie de White

Dolorète

Voici des chanteurs ! La soprano limpide et charmante de la relativement placide María Marco, qui introduit des figurations dans la brillante musique qu'elle chante à chaque instant. Une phrase orientale chromatique indécente (il n'y a pas d'autre mot) est si étrange qu'aucun de nous ne pourra jamais s'en souvenir ou l'oublier ! Et Luisita Puchol, frénétiquement nerveuse, dont les paupières s'ouvrent comme le couvercle d'un Jack-in-the-box et dont les mains battent comme des papillons impertinents, chante des chansons populaires suggestives juste un peu mieux que quiconque que je connais.

Mais *The Land of Joy* ne s'appuie pas sur un ou deux principes pour produire son effet. L'organisation dans son ensemble est aussi pleine de fougue et de détermination que le Ballet russe original ; les costumes eux-mêmes, dans leurs couleurs flamboyantes et brûlantes , constituent les ingrédients d'une orgie ; la musique, désormais sentimentale (l'adaptabilité de Valverde, qui a vécu à Paris, est tout simplement étonnante ; il y a une valse vocale dans le style d'Arditi que Mme Patti aurait pu introduire dans la scène de leçon du *Barbiere* ; il y a une autre chanson dans le style de George M. Cohan (contrairement à la musique ibérique), maintenant palpitante de vie rythmée, est la meilleure musique espagnole que nous ayons jamais entendue dans ce pays. L'ensemble du divertissement, musique, couleurs , costumes, chants, danses et tout, est aussi joliment arrangé dans ses crescendos et decrescendos, ses prestos et adagios qu'un final de Mozart. La fin du premier acte, dans laquelle les dames balayent la scène avec de longues traînes ébouriffées, évoquant tous les tableaux de Manet que vous ayez jamais vus, semble inaccessible, mais les costumes les plus frappants et les danses les plus folles sont réservés aux plus beaux. dernière scène de toutes. Là apparaissent ces señoritas déconcertantes dans l'enveloppe splendide des châles de Manille brodés, et quels châles ! Des roses africaines préhistoriques d'une mesure incroyable décorent une texture turquoise, dont dépend près d'un mètre de franges soyeuses. Dans d'autres se mêlent le violet royal et le chamois, l'orange et le blanc, le noir et le kaléidoscope ! La revue, forme sublimée de zarzuela, est en effet calculée pour vous maintenir dans un état d'excitation nerveuse dangereux pendant toute la soirée, vous tenir éveillé pour le reste de la nuit et vous inciter au théâtre le soir suivant. et la prochaine. C'est aussi enivrant que la vodka, aussi insidieux que la cocaïne, et il est susceptible de devenir une habitude, comme ces stimulants. J'ai en effet constaté qu'il séduit toutes les classes de goût, depuis celui d'un opérateur téléphonique, dont la débauche artistique habituelle est le dernier roman antipyrétique de Robert W. Chambers, jusqu'à celui de l'habitué des salles de concert.

Je ne peux pas m'empêcher de cataloguer davantage ; les détails serrent le poing vers ma mémoire ; par exemple, les rythmes complexes de la musique minutieusement syncopée de Valverde (pas du tout comme la syncope du ragtime), l'orchestration passionnante (je me souviens d'une danse accompagnée de coups de tambour et de hautbois, rien d'autre !), l'absence totale de tangos (qui sont argentins) et les habaneras (qui sont cubaines), la plupart de la musique étant écrite en temps deux-quatre et trois-quatre, et l'utilisation intéressante d'airs folkloriques ; l'indifférence désinvolte et très suggestive des danseurs, lorsqu'ils ne dansent pas, apparemment modèles pour une douzaine de tableaux de Zuloaga, l'habileté et la variété apparemment inépuisables de ces danseurs en action, enroulant des ornements autour des mélodies avec leurs pieds et leur corps, leurs bras et leur tête. et des castagnettes comme le font les sopranos coloratura avec leur voix. Parfois, les castagnettes ne sont pas utilisées ; les cymbales les supplantent, ou les tambourins, ou encore les doigts. Un jour, par quelque sorcellerie ésotérique, les danseurs semblèrent taper sur leurs bras. L'effet était si prodigieux et terrifiant que je ne pouvais pas me projeter dans cet état d'esprit distant nécessaire à une dissection sereine de sa technique.

À quoi avons-nous pensé pendant toutes ces années en acceptant l'imitation et en ignorant la réalité, je ne le sais pas ; tout s'est déroulé en noir sur blanc. Ce que Richard Ford a vu et écrit en 1846, je le vois et l'écris en 1917. Comment ces diaboliques Espagnols ont pu maintenir cela pendant tout ce temps, je ne peux pas imaginer. Nous voilà face à notre paradoxe. L'Espagne a si peu changé que le livre de Ford est encore le meilleur que l'on puisse se procurer sur le sujet (vous pouvez passer bien des demi-heures délicieuses avec la charmante ironie de ses pages pour compagnie). La danse espagnole est apparemment ce qu'elle était il y a cent ans ; aucun vent du nord ne l'a troublé. Plus étrange encore, son effet dépend de l'acquisition d'une technique brillante. Le simple fait de jouer des castagnettes nécessite une tutelle sévère. Et pourtant, tout cela est aussi spontané, aussi frais, aussi simple, aussi véhément dans son attrait, même pour les Espagnols, qu'il l'était au début. Espérons que l'Espagne ne connaisse pas de réveil artistique.

Aristote, Havelock Ellis et Louis Sherwin nous ont appris que le théâtre devrait être un exutoire pour les désirs refoulés. C'est effectivement le cas du théâtre idéal. En fait, dans la plupart des théâtres (je m'abstiendrai généreusement de nommer celui que j'ai visité hier), je réprime continuellement le désir d'étrangler quelqu'un ou un autre, mais après une visite aux Espagnols, je sors dans Columbus Circle complètement purgé de tout. la pitié et la peur, l'amour, la haine et tout le reste. C'est une expérience.

3 novembre 1917.

De George Borrow à Mary Garden

" *Les femmes disent qu'elle est laide,*
Mais tous les hommes en sont fous :
Et l'archevêque de Tolède
Chante la messe à ses genoux . "

"Carmen" de Théophile Gautier.

De George Borrow à Mary Garden
(*Histoire résumé de Carmen*)

Alice, rappelons-le, s'est aventurée au pays des merveilles avec un morceau de champignon dans chaque main ; tantôt elle en mâchait un morceau, ce qui la faisait grandir, tantôt l'autre, ce qui la diminuait. De cette manière, elle ajustait sa taille à celle des différentes portes et portails du lieu ainsi qu'à celle des créatures qu'elle rencontrait. De la même manière, George Borrow, envoyé par la Société biblique britannique pour distribuer la Sainte Parole dans la péninsule papalisée, avança en Espagne. Dans une main, il tenait une version castillane du Nouveau Testament ; dans l'autre, sa très grande curiosité. Il a sans doute fait de nombreuses tentatives vaillantes pour colporter des Bibles, mais il est tout aussi certain qu'il n'a jamais restreint son aptitude naturelle à la compagnie des voleurs, des gitanos, des contrebandiers et des bandits. Plus d'une fois, son zèle en faveur de l'Écriture lui a valu la prison, mais je peux difficilement accepter cela comme une preuve de son dévouement à une cause sainte quand je me souviens qu'il avait tenté en vain de persuader certains fonctionnaires madrilènes de lui permettre de se rendre volontairement. s'incarcérer afin qu'il puisse avoir autant d'opportunités supplémentaires pour poursuivre ses études sur le « gitano crabe » que pourraient lui offrir les relations sexuelles avec les prisonniers. En fait, lorsqu'il fut arrêté, l'ambassadeur anglais obtint sa grâce avant la fin de la journée, mais cet emprunt refusa d'envisager. Il était en prison et il se proposait d'y rester, et il y resta, pendant plusieurs semaines, période pendant laquelle il eut de longs entretiens avec tous les prisonniers, ajoutant considérablement à son vocabulaire étranger... Sa sympathie, en effet, était avec les gitans ; il mangeait, buvait et dormait avec eux, tantôt dans des écuries, tantôt dans des greniers sales. S'il n'était pas lui-même de connivence avec les « affaires d'Egypte », du moins il voyageait avec ceux qui le faisaient ; s'il ne participait pas à des vols ou à des meurtres, il savait souvent qu'ils allaient être commis. Il eut un jour une conversation, délicieusement enregistrée, avec Sevilla, le picador, que Prosper Mérimée rencontra et dont il est question dans les « Rassemblements d'Espagne » de Richard Ford.... Il faut, dans l'ensemble, remercier la Bible britannique. Société pour avoir donné à Borrow l'opportunité d'écrire deux livres étrangement charmants, dont l'un est un chef-d'œuvre, mais sur ce que Borrow a fait pour la Société biblique, il serait peut-être aussi bien de tirer une ombre.

La production de deux livres tels que "Le Zincali" et "La Bible en Espagne" peut cependant être considérée comme une justification suffisante pour l'incorporation et l'existence continue de la British Bible Society. Si toutes les informations qu'il nous donne dans ces livres sur les bohémiens ne sont pas authentiques, nous pouvons au moins être sûrs que Borrow a eu une meilleure occasion de le faire que n'importe quel autre écrivain. S'il a donc parfois déformé les faits, c'est parce qu'il est avant tout un artiste et que « La Bible en Espagne » est avant tout une œuvre d'art. Ces livres parurent au début des années quarante et furent lus et admirés dans toute l'Europe, éveillant un intérêt pour la péninsule ibérique, et plus particulièrement chez les gitans espagnols , qui n'est jamais mort depuis. Dans la préface de la deuxième édition de « The Zincali », Borrow raconte son étonnement face au succès de son livre : « la voix non seulement de l'Angleterre mais de la plus grande partie de l'Europe, m'informant que j'avais réalisé un exploit : une œuvre en le XIXe siècle avec quelques prétentions à l'originalité. Et lorsqu'un écrivain du Spectator qualifiait « La Bible en Espagne » de « Gil Blas » à l'aquarelle, « Borrow bouillonnait assez.

« Le Zincali » fut traduit en plusieurs langues, entre autres en français, et parmi ceux qui en furent influencés et affectés se trouvait Prosper Mérimée ; en effet, il semble désormais probable que sans l'impulsion de ce livre suggestif, Mérimée n'aurait jamais écrit « Carmen », assurément pas sous sa forme actuelle. Voici les faits : Mérimée visita l'Espagne en 1830 et c'est au cours de ce voyage que la Condessa de Teba lui raconta une histoire de jalousie et de meurtre, essentiellement celle de « Carmen », dans laquelle pourtant les bohémiens ne jouèrent aucun rôle. Ce matériau n'a guère inspiré la réalisation d'un chef-d'œuvre. Mérimée semble en effet avoir complètement abandonné cette idée jusqu'à la parution des livres de Borrow, qui ravivent son intérêt pour les gitans et lui suggèrent la possibilité de transférer le conte de la Condessa dans un décor gitan. La traduction de l'Évangile de Luc en Caló par Borrow a été publiée en 1837. Il existe des preuves que Mérimée l'a lu. « The Zincali » est sorti à Londres en 1841 ; "La Bible en Espagne" en 1842. "Carmen" parut pour la première fois, sans le dernier chapitre sur les gitans , dans la "Revue des Deux Mondes " du 1er octobre 1845. Les preuves de l'endettement de Mérimée à l'emprunt sont multiples ; l'un des meilleurs est son propre aveu dans sa correspondance avec son *Inconnue* : « Vous m'avez demandé l'autre jour où j'avais fait connaissance avec le dialecte des bohémiens . J'avais tant de choses à vous dire que j'ai oublié de répondre. je l'ai obtenu de M. Borrow ; son livre est l'un des plus curieux que j'ai lu. Mais les preuves internes sont encore plus fortes : tous les proverbes gitans de "Carmen" sauf deux se retrouvent dans "Le Zincali", ainsi que de nombreux détails dans l'intrigue et la description. Le professeur George T. Northup de l'Université de Toronto a retracé un certain nombre de ces ressemblances et vous pouvez en trouver le récit dans "Modern Philology" de juillet 1915. "Quand il (Mérimée) entreprit de fabriquer de la couleur locale , il dispensait rarement avec l'aide littéraire, il renonçait en effet fréquemment à l'observation directe", écrit le professeur

Northup. "Dans son étude sur les Tsiganes, Borrow fut le guide littéraire important, bien que non unique, de Mérimée; et à ce sujet, une comparaison minutieuse des deux œuvres ne laisse aucun doute."

Sur un point cependant, Mérimée est en désaccord avec Borrow, et c'est un point très important, si important d'ailleurs que l'auteur français, malgré (peut-être à cause de !) son obligation envers l'Anglais, pointe du doigt méprisez-le dans le chapitre ajouté (en grande partie composé de faits que l'on retrouve dans "Le Zincali" !) de "Carmen". Voici le passage : « M. Borrow, missionnaire anglais , auteur de deux ouvrages forts intéressants sur les bohèmes d'Espagne , qu'il avait entreprise de convertir , aux frais de la Société biblique , assure qu'il est sans exemple qu'une Gitana n'ait jamais eu quelque faiblesse pour un homme étranger à sa race. » Borrow ne dit pas *sans exemple* : « Les Gitana ont en général une aversion prononcée pour les hommes blancs ; mais quelques cas contraires se seraient produits. » Continuons avec Mérimée : « Il me semble qu'il y a beaucoup d'exagération dans les éloges qu'il accord à leur chasteté . D'abord , le plus grand nombre est dans le cas de la laide d'Ovide : *Casta quam nemo rogavit* . Quant aux jolies , elles sont comme toutes les Espagnoles, difficiles dans le choix de leurs amants . Il faut leur claire , il faut les mériter .

Voici ce qu'en dit Borrow dans « Le Zincali » : « Il y a un mot dans la langue gitane auquel ceux qui le parlent attachent des idées d'une révérence particulière, bien supérieure à celle liée au nom de l'Être Suprême. le créateur d'eux-mêmes et de l'univers. Ce mot est *Lácha* , qui chez eux est la chasteté corporelle des femmes ; nous disons chasteté corporelle, car elles n'en ont pas la moindre estime, voire louable ; , être obscène dans le regard, le geste et le discours, être complice du vice, et se tenir là et rire des pires abominations des Busné (Busno est le terme utilisé par les gitans espagnols pour désigner l'Espagnol ou bien toute personne qui n'est pas un gitane), à condition que leur *Lácha ye trupos* , ou chasteté corporelle, reste intacte. L'enfant gitane, dès ses premières années, se fait dire par son étrange mère qu'une bonne Calli ne doit redouter qu'une chose dans ce monde, c'est la perte de. *Lácha* , en comparaison de laquelle celle de la vie n'a que peu d'importance, puisque dans un tel cas on lui fournira des soins, mais qu'y a-t-il pour une gitane qui a perdu sa *Lácha* ? « Gardez cela à l'esprit, mon enfant, dira-t-elle, et maintenant, mange ce pain, et va voir ce que tu peux voler.

"Une fille gitane est généralement fiancée à l'âge de quatorze ans au jeune que ses parents jugent convenable et qui a généralement quelques années de plus qu'elle. Le mariage est invariablement précédé de fiançailles.... Chez les Busné ou Gentils, la fiancée a droit aux relations sexuelles les plus libres, allant où elle veut et revenant à tout moment et en toute saison. En ce qui concerne les Busné , en effet, les parents sont invariablement moins prudents qu'avec leur propre race, car ils le conçoivent comme une impossibilité. que leur enfant perdrait son *Lácha* par tout rapport avec *le sang blanc* ; et il est vrai que l'expérience a prouvé que leur confiance à cet égard n'est pas tout à fait vaine. Les Gitanas ont en général une aversion prononcée pour les hommes blancs ; , cependant, c'est le contraire qui se serait produit.

Les gitanas, poursuit Borrow , ne sont jamais au-dessus de la passion excitante chez le Busné qu'ils refusent cependant de satisfaire. Leurs danses sont pour la plupart lascives et obscènes. Elles agissent souvent comme entremetteuses. Mais que Busno ne présume pas de ces faits qu'il puisse compter sur une connaissance plus intime. Richard Ford dans « Gatherings from Spain » dans sa description des *romalis* soutient Borrow dans sa théorie : « Aussi indécentes que puissent être ces danses, les interprètes sont pourtant inviolablement chastes et, du moins en ce qui concerne les invités non gitans , peuvent être comparés à un punch glacé lors d'une déroute ; des jeunes filles les traversent sous les yeux applaudissants de leurs parents et de leurs frères, qui s'opposent à la mort de toute atteinte à la vertu de leurs sœurs.

Mérimée en parle dans une lettre à l' *Inconnue* : « Ce qu'il (Emprunter) raconte des bohémiens est parfaitement vrai, et ses observations personnelles sont tout à fait d'accord avec les miennes sauf sur un seul point. En sa qualité d'ecclésiastique (*sic*) , il se peut très bien qu'il se soit trompé là où moi, en ma qualité de Français et de profane, j'ai pu faire des expériences concluantes. Malgré le poids de l'expérience personnelle de Mérimée, on peut constater que la majorité des écrivains espagnols sont d'accord avec Borrow, qui n'était *pas* ecclésiastique. Et, comme le souligne sournoisement le professeur Northup, l'homme qui a appris à Isopel Berners de Mumpers Dingle à conjuguer le verbe « aimer » en arménien n'était peut-être pas un observateur aussi naïf après tout.

Que les gitans soient corporellement chastes ou non [1] est pourtant une question de moindre importance par rapport au chef-d'œuvre que Mérimée a fondé sur la théorie selon laquelle ils ne le sont pas. Comme le dit si précisément Havelock Ellis : « L'art dans sa sphère est aussi suprême sur les faits que la science, dans sa sphère, est suprême sur la fiction. L'artiste peut jouer vite ou librement avec la science, et le meilleur artiste jouera parfois librement. » On peut remarquer qu'en général Borrow était plus enclin à jouer librement que Mérimée.

Il est assez intéressant de constater que « La Bible en Espagne », en soi un chef-d'œuvre, a inspiré un autre chef-d'œuvre, l'une des plus grandes nouvelles de toute la littérature. Curieusement, un troisième chef-d'œuvre est né des activités de la British Bible Society, *Carmen* , l'opéra. En transférant l'histoire sur scène, MM. Meilhac et Halévy, en recherchant l'accent dramatique, ont jeté par-dessus bord une bonne partie de l'atmosphère sauvage et dévergondée, de la passion calme, de l'austérité brutale du conte original. Carmen, dans leur version, devient un mélange de gitane espagnole et de cocotte parisienne. Dans certaines scènes, comme celle de la Séguidilla et du duo du dernier acte, une bonne partie du sentiment de Mérimée a été conservée, mais la scène du quintette dans laquelle les autres bohémiens reprochent à Carmen son *amour* est probablement essentiellement parisienne. Il en va peut-être de même pour la scène de la Habanera. Les Espagnols protestent depuis longtemps contre cette œuvre car, autant que je sache, ils la considèrent comme une *idéalisation* . Les femmes espagnoles font généralement les pires Carmen, même si elles ont souvent obtenu des succès notables dans un autre personnage espagnol, Rosina dans *Le Barbier de Séville* . [2] La compréhension de la forme opéra -comique française est essentielle à une fine interprétation de cette héroïne gitane ; même une bonne partie de la musique n'est pas essentiellement espagnole. Si c'était le cas, ce ne serait probablement pas génial, car Bizet était français et devait forcément, lorsqu'il écrivait un opéra français, entendre l'Espagne avec des oreilles françaises... Néanmoins, je ne vois aucune raison pour qu'un chanteur ne se rende pas à Mérimée pour obtenir de nombreux indices ; en fait, je pense qu'elle pourrait même aller plus loin et étudier la conception de Borrow du caractère gitan espagnol. Un seul vers de Mérimée suggérerait une interprétation nouvelle à une actrice capable de la réaliser. José parle : « Monsieur, quand cette fille- là riait , il n'y n'avait pas moyen de parler raison. Tout le monde riait avec elle . » Mais une actrice doit concevoir tout rôle en fonction de sa propre personnalité et cet effet ne peut être produit que par une *charmeuse très complète* .

Dans l'histoire originale, le torero Lucas apparaît à peine et c'est un picador et non un *espada* comme il le devient dans l'opéra sous le nouveau nom d'Escamillo. Pourquoi ce nom a-t-il été changé ? J'ai une théorie, non étayée par aucune preuve, selon laquelle Bizet aurait demandé à ses librettistes de lui fournir un nom qui correspondrait à la musique du merveilleux duo du dernier acte. Il avait probablement réalisé la phrase qui accompagne maintenant *Ah ! je t'aime, Escamillo* , pour découvrir qu'il ne pouvait pas être marié au nom de Lucas. La jalousie reste le motif du meurtre de Carmen, même si les scènes sont disposées de manière très différente dans le conte et dans le drame lyrique... Micaela est nouvelle. La seule suggestion d'elle dans le récit de Mérimée est la phrase suivante de José : " J'étais jeune alors ; je pensais toujours au pays, et je croyais pas qu'il y eût de jolies filles sans jupes bleues et sans nattes tombant sur les épaules . " La deuxième rencontre de Carmen avec José n'a pas lieu chez Lillas Pastia mais la troisième oui, et tant de détails comme la " chaine avec du fil de laiton ", la cassia que la coquine ôte de ses lèvres pour le lancer aux pieds de José, l'anneau rejeté, etc., sont des incidents de Mérimée. Pourquoi, se demande-t-on, un interprète ne se souvient-il pas que la Carmen originale a cassé une assiette et, à partir des morceaux, a façonné des castagnettes pour jouer pendant qu'elle dansait le *romalis* pour José ? ... Le brutal García le Borgne, *la romance de Carmen* , disparaît complètement. Il n'est pas essentiel à l'intrigue imaginée par les librettistes. Ils ont également effacé les aventures très divertissantes de Carmen avec l'Anglais à Gibraltar.

Carmen fut créée à l'Opéra-Comique de Paris le 3 mars 1875. La première représentation fut froidement accueillie. Charles Pigot (biographe de Bizet) nous informe que le prélude du deuxième acte a été répété ; l'air du Toréador et du quintette furent applaudis : c'est tout. Le rideau tombait sur chaque acte pour achever l'indifférence. Le découragement du compositeur semble avoir été profond. Nous ne nous en étonnons pas. Vincent d'Indy a raconté à Edmond Galabert qu'après le premier acte, lui et un groupe de jeunes musiciens avaient rencontré Bizet sur le trottoir près de l'entrée de la scène du théâtre et l'avaient félicité pour la vie et la couleur de la musique. Bizet a répondu : « Vous êtes les premiers qui me disiez ça , et je crains bien que vous ne soyez les derniers . " *Carmen* fut un échec. Les critiques furent mauvaises. Les accusations d'immoralité furent, curieusement, nombreuses. Pigot assure que Camille du Locle , le directeur du théâtre, qui n'a jamais cru à *Carmen* , en était plus ou moins responsable. A un ministre qui écrivait en demandant une loge pour le premier soir, il répondit qu'il vaudrait peut-être mieux qu'il vienne à la répétition générale pour voir s'il trouvait la pièce suffisamment. respectable pour sa femme et ses filles !... Peut-être ces accusations d'immoralité ont-elles éveillé la curiosité. En tout cas, il est certain qu'après la cinquième représentation les recettes ont augmenté et l'apathie du public est devenue moins marquée. la septième fois, le 13 juin, juste avant la fermeture du théâtre pour l'été, Bizet était décédé le 3 juin. À l'automne, *Carmen* fut ressuscitée et ne reçut que treize représentations à Paris avant 1883 ;

À plusieurs reprises, des tentatives ont été faites pour prouver que *Carmen* n'avait pas échoué lors de sa première production. Le plus remarquable d'entre eux est un article contribué au " Ménestrel " (1903 ; p. 53) d'Arthur Pougin intitulé " La Légende de la Chute de *Carmen* et la Mort de Bizet " dans lequel il cite Mme. Galli- Marié : " L'insuccès de *Carmen* à la création , mais c'est une légende ! *Carmen* n'est pas tombé au bout de quelques représentations , comme beaucoup le croire .... Nous l'avons jouée plus de quarante fois dans la saison , et quand ce pauvre Bizet est mort, le succès de son chef d'œuvre semblait définitive assis ."... Pigot s'en moque, soulignant que les exigences du répertoire obligent souvent un metteur en scène à exécuter une œuvre plus souvent qu'il ne paierait pour le faire. Ses témoignages sont cumulatifs et pour la plupart convaincants.

Selon H. Sutherland Edwards, qui semble avoir obtenu cette information de Marie Roze, dans sa forme originale l'opéra comprenait deux airs complets pour Carmen que le compositeur et ses librettistes décidèrent finalement de supprimer. La gitane devait être représentée comme capable de remords (!)

et après la scène où elle prédit sa mort par les cartes, elle devait être laissée seule pour exprimer ses sentiments d'un air pathétique ! L'autre air omis s'est produit dans le dernier acte.

M. Edwards nous donne plus de détails : La corrida, selon le projet original des auteurs, devait être représentée sous la forme d'un tableau, occupant tout le fond de la scène avec des chœurs en direct et des "supers" dans le devant le tableau et des personnages peints derrière eux. On aurait pu voir Escamillo triompher de la figure du taureau tombé, tandis que la foule de spectateurs surplombant l'arène criait avec véhémence l'air du Toréador. Dans un fond sombre (le fond de la scène étant seul éclairé), on pouvait voir les figures de Carmen et de Don José.

Charles Pigot nous apprend que la chanson de Micaela a été composée à l'origine pour *Griselidis* (un opéra dont Sardou a fourni le livre et que Bizet n'a jamais achevé). La partition de *Carmen* serait parfaite sans cela. L'histoire de la Habanera est racontée ailleurs dans ce volume (p. 27) et n'a pas besoin d'être répétée ici.

Carmen contenait à l'origine de nombreux dialogues parlés, que l'on peut encore entendre à l'Opéra-Comique de Paris. Guiraud (et non Godard, comme le dit Clara Louise Kellogg) a écrit la musique des récitatifs et c'est avec ceux-ci que l'œuvre est habituellement jouée dans des théâtres étrangers, dont le Metropolitan Opera House. Dans certains théâtres, cependant, une version bâtarde, une combinaison de ces deux formes, est donnée.

Il est probable que les Espagnols fondent leur principale objection à *Carmen* sur l'idéalisation d'un type national proposé par le livret. Il est peu probable qu'ils s'opposent à la musique. En tout cas, ils ont toujours trouvé la musique italienne, française et allemande agréable à leurs oreilles et de nombreux compositeurs espagnols ont été moins espagnols que Bizet, qui après tout était juif et lui-même quelque peu oriental ! Les danses et certaines musiques entr'actes de cet opéra peuvent donc être considérées comme typiquement espagnoles. Mais espagnol ou pas, il est indéniable que Bizet a réussi à écrire l'un des opéras les plus délicieux. Lorsque j'ai lu pour la première fois « Le cas Wagner » de Nietzsche, j'étais enclin à penser que l'Allemand, dans sa rage contre Wagner, lui avait opposé le plus stupide des adversaires pour rendre son ex-héros encore plus ridicule. Je ne ressens pas cela aujourd'hui. Je souscris humblement à toutes les effusions de Nietzsche : « Cette musique me semble parfaite. Elle s'approche avec légèreté, agilité et courtoisie. Elle est aimable, elle ne fait pas *transpirer*. « Ce qui est bon est facile ; tout ce qui est divin coule avec pieds légers » — première proposition de mon Esthétique . Cette musique est méchante, subtile et fataliste ; elle reste populaire en même temps, — elle a la subtilité d'une race, non d'un individu. Elle est précise. .... Elle a emprunté à Mérimée la logique de la passion, le chemin le plus court, la nécessité *sévère* . Elle possède avant tout ce qui appartient au climat chaud, la sécheresse de l'air, sa *limpidezza* .... Cette musique est gaie. mais il n'a pas une gaieté française ou allemande. Sa destinée est africaine ; son bonheur est court, soudain et sans pardon. Quelqu'un a-t-il déjà si bien décrit *Carmen* ? Et il y a beaucoup plus. Je vous en prie, tournez-vous vers "Le Cas Wagner" et lisez tout cela... et commencez peut-être à croire, comme moi, qu'à part *Tristan* Wagner lui-même n'a jamais écrit un chef-d'œuvre aussi complet.

Avant de commencer à jeter un coup d'œil sur quelques-unes des dames qui ont tenté de rendre justice aux bohémiens espagnols, il serait bon de s'arrêter quelques secondes sur deux descriptions du type *cigarrera* . Gautier a visité la célèbre Fábrica de Tobacos à Séville, où Carmen était employée jusqu'à ce qu'elle commence à enfoncer des couteaux dans ses collègues. Voici ce qu'il en dit :

" L'on nous conduisit aux ateliers où se roulent les cigares fr feuilles . Cinq où six cents femmes sont employés à cette préparation . Quand nous mîmes le pied dans leur salle, nous fumes assaillis par un ouragan de bruits: elles parlaient , chantaient et se disputaient toutes à la fois . Je n'ai jamais entendu un vacarme pareil . Elles étaient jeunes pour la plupart , et il y en avait de fort jolies . Le négligé extrême de leur toilette permettait d'apprécier leurs charmes fr toute liberté. Quelques-unes portaient résolument à l'angle de leur bouche un bout de cigare avec l'aplomb d'un officier de hussards ; d'autres , ô muse, viens à mon aide ! d'autres ... chiquaient comme de vieux matelots, car on leur laisse prendre autant de tabac qu'elles fr peuvent consommer sur place.... La *cigarrera* de Séville est un type, comme la *manola* de Madrid.

J'y joins aussi la description d'Edmondo de Amicis : « Les femmes sont presque toutes dans trois chambres immenses, divisées en trois parties, par trois rangées de pilastres. Le premier effet est prodigieux. Huit cents jeunes filles se présentent à la fois à votre vue. Elles sont divisées. en groupes de cinq ou six, et sont assis autour des tables de travail, serrés les uns contre les autres, ceux au loin étant indistincts et les derniers à peine visibles. Ils sont tous jeunes, mais peu sont des enfants en tout, huit cents têtes brunes ; et huit cents visages sombres de toutes les provinces de l'Andalousie, de Jaen à Cadix, et de Grenade à Séville. On entend le bourdonnement qu'on entendrait sur une place pleine de monde. Les murs, d'un bout à l'autre des trois salles. sont couverts de jupes, de châles, de mouchoirs et d'écharpes, et, assez curieusement, toute la masse de chiffons, qui suffirait à remplir cent brocantes, présente deux couleurs prédominantes , toutes deux continues, l'une au-dessus de l'autre, comme les rayures d'un drapeau. Le noir des châles est en haut, le rouge des robes en bas, et mélangé à ces derniers, est blanc, pourpre et jaune, de sorte qu'il semble voir une immense boutique de costumes de fantaisie, ou un grand magasin de costumes. salle de danse, dans laquelle les danseuses, pour obtenir plus de liberté de mouvement, ont accroché au mur tout ce qui n'est pas absolument nécessaire pour les couvrir décemment. Les filles mettent ces robes en partant, mais portent de vieilles choses au travail, qui sont cependant blanches et rouges comme les autres. La chaleur étant insupportable, ils allègent leurs vêtements autant que possible, de sorte que parmi ces cinq mille il y en a à peine une cinquantaine dont le visiteur n'aura pas l'occasion d'admirer à loisir, sans compter les cas exceptionnels qui se présentent. de manière tout à fait inattendue en passant d'une pièce à l'autre, derrière les portes, les colonnes ou dans les coins éloignés. Il y a de très beaux visages, et même ceux qui ne sont pas absolument beaux ont quelque chose qui attire le regard et reste imprimé dans la mémoire : la coloration , les yeux, les sourcils, le sourire, par exemple. Beaucoup, et notamment les soi-disant *gitanes* , sont brun foncé, comme les mulâtres, et ont les lèvres saillantes ; d'autres ont des yeux si grands qu'une ressemblance fidèle semblerait exagérée. La majorité sont petites, bien faites et toutes portent une rose, un rose ou un bouquet de fleurs des champs parmi leurs tresses. » [3]

Mlle. Célestine Galli- Marié fut la première Carmen. On dit qu'elle était charmante, mais le premier interprète d'un rôle a toujours un avantage sur ceux qui la suivent ; elle n'a pas à craindre la comparaison. Elle fut accusée d'immoralité mais il est peu probable qu'elle se soit accordée autant de libertés gitane que certains de ses successeurs. Charles Pigot nous raconte qu'elle profita de la vigoureuse gravure de Mérimée : « elle avait pris modèle sur ce portrait d'une ressemblance qui donne le frisson de la vie au personnage évoqué . Oeillades assassins , cordialement chargés de volupté qui livrent la victime pieds et poings liens , déhanchements lascifs , poings sur la hanche , rien ne manquait à la ressemblance ; et ce déployé de perversités physiques, reflétant à merveille l'âme de cette bohème ehontée , cette crudité de tonnes dans le rendu du geste et de l'allure qui choquèrent bien des personnes et firent crier à l'immoralité , étaient indiquées par l'effronterie du personnage , et, j'ajouterai , nécessaires à la vérité du drame , à l'explication de l'ensorcellement subit du navarrais ."

Arthur Pougin dit d'elle : « Mme Galli- Marié doit prendre rang parmi ces nombreux artistes qui, bien que doués de peu de voix, ont rendu depuis un siècle à ce théâtre des services rendus remarquables par leur talent de comédien et leur valeur incontestable de un point de vue dramatique.... Aussi bien capable d'exciter le rire que de provoquer des larmes, dotée d'un tempérament artistique d'une grande originalité... qui lui a permis de réaliser des rôles confiés à ses types distincts... dans lesquels elle a représentaient des personnages dont la nature et les caractéristiques sont essentiellement opposées."... Elle décède à Vence, près de Nice, le 22 septembre 1905.

Fräulein Ehnn semble avoir été la deuxième Carmen ; comme Vienne fut la deuxième ville à produire l'opéra de Bizet ; c'était le 23 octobre 1875. Bruxelles eut l' honneur d'être la troisième ville ; la date était le 8 février 1876 ; Mlle. Maria Dérivis incarne ici le rôle de la gitane. L'opéra fit ensuite le grand tour du monde et s'installa solidement dans le répertoire des plus modestes théâtres chantants. A peine chanteur, il n'a pas, à un moment ou à un autre, chanté l'un des rôles de cette œuvre. Parfois, ce fut Micaela (Mme Melba, entre autres, a chanté ce rôle) ; parfois Frasquita, dans lequel Emma Trentini a fait une impression instantanée à New York, le plus souvent Carmen elle-même, car contraltos et sopranos sont toutes deux apparues dans le rôle.

Adèle Isaac, soprano, chanta le rôle lors de la reprise *de Carmen* à l'Opéra-Comique en 1883. Elle ne fit pas très bonne impression mais l'opéra fut accueilli beaucoup plus favorablement qu'en 1875. Lorsque Mme. Galli-Marie réapparue, elle fut à nouveau jugée incomparable. Puis vint Mme. Nardi. Vers 1888 Mme. Deschamps- Jehin a chanté le rôle . Mme. Tarquini d'Or lui succède. En décembre 1892, Mme. Calvé a révélé sa caractérisation. C'était l'habitude en Amérique de signaler une grande distinction entre ses premières et ses dernières interprétations du rôle ; on a dit qu'elle était devenue gênée et capricieuse. Paris l'a toujours trouvée telle, mais il ne faut pas oublier que la tradition doit être respectée dans le théâtre français. La critique de Charles Darcourt dans "Le Figaro" du lendemain matin suffit à donner une impression parisienne : il lui reprochait "d'être allée trop loin dans ses gestes et ses attitudes, d'avoir été trop peu comme il faut, d'être sorti des limites du bon goût et surtout du bon ton."... Mlle Charlotte Wyns chanta Carmen en 1894. Mme Nina Pack, Mme de Nuovina et Mme Marie Brema suivirent En 1898, Georgette Leblanc devint par la suite l'épouse de Maurice Maeterlinck. L'interprétation de Mlle Leblanc était nouvelle et elle inspira un critique (Fierens -Gevaert) à mettre sur papier les lignes extatiques suivantes sur son apparition dans le deuxième acte. :

"Mlle Leblanc est vêtue d'une longue robe de tulle tressé, ornée de paillettes. Son corps, finement proportionné, se dévoile par ce drapé indiscret. Ses épaules et ses bras noblement modelés sont nus. Ses cheveux sont retenus par trois cercles d'or, arrangé à la grecque. Alma, gitane, fille de l'Orient, princesse du harem, impératrice byzantine ou danseuse maure ? Tout cela est suggéré par ce costume fantastique et séduisant. Mais une image plus idéale nous poursuit. visions féminines de nos poètes ultra-modernes. Elle trouve la beauté absolue dans le corps exquis d'une femme animée d'une robe florentine. Et c'est à travers cette figure imaginaire qu'elle compose ses autres incarnations et dans une taverne où les femmes gitane rencontrent des soldats, elle évoque l'apparition d'une femme de Mantegna ou de Botticelli, dégradée, vile, qui donne l'idée d'une créature éhontée qui n'a pas perdu entièrement la grâce de son rang originel. Elle ne se lasse jamais de dévaloriser son modèle originel. Elle est sensuelle, impudente, voluptueuse, grossière, mais dans sa diction blanche, dans sa démarche allègre, on devine son désir d'évoquer autre chose... Carmen est, selon Mlle. Leblanc, une créature hybride et monstrueuse. Vous la regardez avec une curiosité avide et une tristesse infinie... Mlle. Leblanc se moque de sa voix. Elle le maltraite, le bat, le soumet à des inflexions inhumaines... Son chant n'est pas musical, son interprétation manque de la naïveté nécessaire à une véritable puissance dramatique. Elle reste néanmoins l'une des interprètes les plus émouvantes de notre époque. Ses capacités limitées, cachées par mille détails en accentuation, rappellent la poésie faible et ornée de la dégénérescence artistique.... Grâce à elle, Antioche et Alexandrie, villes corrompues et adorables, revivent, l'espace d'une heure.

Peut-être que la description de Carmen par Philip Hale doit quelque chose à cette photo de Mlle. Leblanc. En tout cas, c'est assez frappant pour reproduire :

"Carmen a vécu des années avant d'être connue de Mérimée. Elle meurt de nombreuses morts et ses résurrections sont nombreuses. Quand le monde était jeune, on dit qu'elle s'appelait Lilith, et le serpent, pour elle, haïssait Adam. Elle a péri cette nuit sauvage où le les cieux ont fait pleuvoir du feu sur les villes de la plaine. Samson l'a connue lorsqu'elle habitait dans la vallée de Sorek. Les constructeurs de monticules l'ont vue et sont tombées à ses pieds. Elle a inquiété les hommes innocents d'Éthiopie. Des années après, elle était l'amie de Théodora. Au XVe siècle, elle était remarquée dans les fêtes sabbatiques dirigées par la chèvre à quatre cornes. Elle était à Paris à la fin du siècle dernier et elle portait de la poudre et des patchs lors du dîner donné par le marquis de Sade. En Espagne, elle fumait des cigarettes. et détruit la vie de Don José.

Les successeurs de Georgette Leblanc furent Mme. Delna, Zélie de Lussan , Marié de l'Isle (qui chantait Mercedes avant de chanter Carmen), Cécile Thévenet , Jenny Passama , Claire Friché , Marguerite Sylva, Mme. Lafargue, Mlle. Vix , Mlle. Brohly , Mlle. Charbonnel, Sigrid Arnoldson, Mlle. Mérentié et Lucienne Bréval , que Zuloaga a peinte deux fois dans le rôle. L'un de ces tableaux est exposé au Metropolitan Museum of Art de New York. L'autre appartient à Mme. Bréval . Je n'ai pas vu Mme. Bréval dans *Carmen* mais je l'ai vue dans d'autres opéras et je crois pouvoir affirmer que la conception que Zuloaga a d'elle est plus gitane que son interprétation... L'une des dernières Carmen de Paris est Mary Garden.

Avec la permission de la Société Hispanique d'Amérique

Portrait de Zuloaga de Lucienne Bréval dans le rôle de Carmen. Acte II

Je pense que le colonel Mapleson a amené *Carmen* à Londres. La première représentation eut lieu le 22 juin 1878 au Her Majesty's Theatre. Il a eu la chance d'avoir pour interprète principale Minnie Hauk de Brooklyn, qui, je crois, avait été entendue dans le rôle à Bruxelles avant de le chanter à Londres. On dit qu'elle a été fascinante dans ce rôle et qu'elle l'a immédiatement fait sienne. Mapleson dans ses "Mémoires" raconte les moments qu'il a passés avec les autres interprètes. Campanini a rendu le rôle de José, donnant comme explication qu'il n'avait eu aucune romance et aucun duo d'amour sauf avec la *seconda donna* . Del Puente a suggéré que le rôle d'Escamillo devait être destiné à l'un des chœurs . Mlle. Valleria a fait une remarque similaire à propos de Micaela. Cependant, le rusé colonel a réussi à convaincre les chanteurs de venir à une ou deux répétitions et en peu de temps, ils sont devenus amoureux de leurs rôles .

Il a été généralement tenu pour acquis et en effet vous le trouverez ainsi déclaré dans la plupart des livres, que Minnie Hauk était la première Carmen américaine, mais Clara Louise Kellogg dans ses "Mémoires" nie cela, affirmant qu'elle a précédé Miss Hauk ici dans le rôle de plusieurs mois. [4] Une chose est sûre, Miss Hauk a fait plus d'impression en tant que Carmen sur ses contemporaines que Mme. Kellogg. L'une des premières représentantes internationales de ce rôle fut Marie Roze, qui, selon H. Sutherland Edwards, pouvait à peine être persuadée au début d'assumer un personnage d'une nature aussi ignoble. Mais elle finit par succomber à l'attrait. Edwards dit d'elle : « Marie Roze a mis en avant le côté doux du personnage. Carmen a quelque chose de l'espièglerie du chat, quelque chose aussi de la férocité de la tigresse ; et le côté féroce du caractère de Carmen n'a pas trouvé d'exposant sympathique dans Madame Marie Roze." Clara Louise Kellogg nous donne, comme à son habitude, une description plus énergique : « Quand elle (Marie Roze) chantait *Carmen,* elle était la gitane la plus douce qui ait jamais été poignardée par un amant jaloux – une belle Carmen mais trop douce et bonne pour elle. rien."

Christine Nilsson aurait décidé que le rôle n'était pas assez pur pour elle, mais Adelina Patti, qui a déclaré publiquement que Wagner avait écrit *Parsifal* pour elle et qu'elle avait refusé le rôle de Kundry, ne pouvait pas renoncer à l'occasion d'apparaître dans le rôle de Gitane de Mérimée-Bizet. Son échec fut catastrophique. HE Krehbiel dit qu'elle a été vue "et parfois entendue" dans le rôle. Elle "ignorait complètement ses éléments dramatiques et ne se souciait que de la musique, et uniquement de la musique dans laquelle elle chantait seule". Mais Pauline Lucca a chanté le rôle avec succès, je crois.

Carmen était un rôle que Lilli Lehmann avait fréquemment chanté en Allemagne avant de venir en Amérique et elle a fait ses débuts américains dans ce rôle. Voici la description de M. Krehbiel de sa performance (« Chapitres d'Opéra ») :

"Lehmann en tant que fabricant de cigarettes gitane, avec sa Habanera et Seguidilla, avec son imagination errante errant d'un brigadier sentimental à un fringant torero, est une conception qui ne sera pas facile aux admirateurs de Brünnhilde et d'Isolde plus tard ; et, en effet, elle était un phénomène déroutant pour les observateurs expérimentés de l'époque. Carmen était déjà une apparition familière pour les New-Yorkais, qui s'imaginaient que Minnie Hauk avait dit le dernier mot dans l'interprétation de ce personnage lorsque Fräulein Lehmann avait fait apparaître sa grande stature. et son allure droite, presque militaire, étaient propres à produire un effet de surprise de telle nature qu'il fallait le surmonter avant de pouvoir entrer dans le sentiment avec lequel elle informait d'ailleurs le rôle. une Carmen un peu plus matrone que l'imagination, stimulée par les représentations antérieures de l'opéra ou la lecture du roman de Mérimée, était prête à l'accepter, mais c'est en harmonie avec le nouveau tableau qu'elle dépouille le personnage de la légèreté et de l'espièglerie communément associées ; et a intensifié son côté sinistre. En cela, Fräulein Lehmann s'écarte de Mme. Hauk et s'est rapproché de celui de Mme. Trebelli ... Dans sa performance musicale, elle a surpassé ces deux artistes admirés et expérimentés.

Mme. Trebelli , évoquée dans le dernier paragraphe, était une Carmen populaire ici dans les années 80, mais ce n'est que lorsqu'Emma Calvé est apparue au Metropolitan Opera House en 1893-94 que *Carmen* est devenue un fétiche. La Française a tellement fasciné le public dans ce rôle qu'elle a rarement été autorisée à apparaître dans un autre, même si sa Santuzza, son Cherubino, son Anita et son Ophélie étaient probablement des réalisations plus artistiques. Elle était belle, dévergondée, capricieuse et tout à fait fascinante lorsqu'elle est apparue pour la première fois ici dans ce rôle . Il ne semble pas qu'elle en soit devenue amoureuse plus tard, ou simplement qu'elle en ait eu assez; en tout cas, elle laissa libre cours à ses manières et sortit bientôt complètement du tableau, d'autant plus complètement qu'elle déformait fréquemment les rythmes de la musique. Calvé avait le pouvoir, comme peu de chanteurs l'ont possédé, de colorer sa voix pour exprimer différentes émotions, et son traitement vocal du rôle au début était un délice. Ses costumes étaient vraiment magnifiques. J'ai lu des critiques à son égard et à celles d'autres Carmen sur ce point. Mais Carmen était une contrebandière, une voleuse, voire une meurtrière ; elle avait souvent beaucoup d'argent et s'habillait souvent de manière extravagante. Mérimée ne nous laisse aucun doute à ce sujet. La deuxième fois que José la voit, elle est décrite ainsi : "Elle était parée , cette fois , comme une châsse , pomponnée , attifée , tout ou et tout rubans . Une robe à paillettes, des souliers bleus à paillettes aussi , des fleurs et des galons partout ."

Combien de Carmen avons-nous vu depuis Calvé ! Zélie de Lussan , qui a livré une prestation opéra -comique exquise, avec une touche de sauvagerie et un humour charmant ! Fanchon Thompson, qui a tenté de chanter le rôle en anglais avec la compagnie de Henry W. Savage au Metropolitan Opera House mais qui est tombée en panne et a quitté la scène après avoir chanté quelques mesures. Olive Fremstad, qui a joué ce rôle à plusieurs reprises à Munich (tous les contraltos chantent le rôle en Allemagne ; même Ernestine Schumann-Heink l'y a chanté) a été au Metropolitan Opera House Carmen pendant une saison ou deux. Son interprétation suivait celle de Lilli Lehmann. C'était très austère, presque sauvage, et avec très peu d'humour . Olive Fremstad a été applaudie dans ce rôle mais elle n'a jamais réussi à rendre l'opéra populaire.

Olive Fremstad dans le rôle de Carmen. Acte I

Mais Clotilde Bressler-Gianoli a chanté le rôle quinze fois lors de la première saison d'Oscar Hammerstein au Manhattan Opera House ; la représentation de *Carmen* dans ce théâtre a en effet sauvé la première saison, tout comme Mary Garden et Luisa Tetrazzini ont sauvé la seconde. Mme. Bressler-Gianoli, qui avait été entendu à l'Opéra-Comique de Paris dans le rôle de , et même une fois avec la New Orleans Opera Company au New York Casino, a donné une interprétation délicieuse ; son charme principal était son absence totale de conscience de soi ; c'était si naturel que c'est devenu réel. Calvé a chanté le rôle quatre fois à la fin de cette saison. Mme. Gerville-Réache était une autre Carmen du Manhattan Opera House et Lina Cavalieri était une quatrième. Mme. Cavalieri était particulièrement charmante dans les danses, mais elle faisait une gitane peu convaincante. Dans aucun rôle qu'elle a joué auparavant ou depuis, elle n'a produit une telle impression d'innocence de jeune fille. Mariette Mazarin a chanté Carmen ici avant d'être entendue dans *Elektra* . Sa Carmen était effrontée et diabolique, électrique et stridente ; Je pense qu'elle pourrait être incluse parmi les grandes Carmen ; c'était très original. La Carmen de Marguerite Sylva est traditionnelle et agréable ; dans un ton très proche de celui de Zélie de Lussan . On l'a suffisamment apprécié... María Gay, la Carmen espagnole, a tenté des touches réalistes comme l'expectoration ; une performance bien chantée, bien pensée, cohérente, mais manquant de glamour.

Bien que le Century Theatre, avec Kathleen Howard et d'autres, ainsi que diverses petites compagnies italiennes aient offert Carmen à New York, l'œuvre manqua du répertoire du Metropolitan Opera House pendant plusieurs saisons jusqu'à ce que Geraldine Farrar la ramène en 1914-15. [5] Les décors et les costumes étaient nouveaux. Par caprice, l'armée espagnole était habillée en bleu bavarois, bien que José soit appelé à plusieurs reprises *canari* dans le texte. Caruso a chanté José, comme il l'avait fait avec Mme. Fremstad et M. Toscanini dirigeaient. Avec le public Carmen est devenue l'une des Mme. Le favori de Farrar rôles , partageant cette distinction avec Butterfly.

D'autres Carmen qui peuvent être mentionnées sont Anna de Belocca , Stella Bonheur, Kirkby-Lunn, Ottilie Metzger, Emmy Destinn , Marie Tempest, Selina Dolaro , Camille Seygard , Alice Gentle, Eleanora de Cisneros, Jane Noria, Ester Ferrabini , Margarita d'Alvarez. , Tarquinia Tarquini... On pourrait dire en passant que certaines Carmen ne sont pas plus proches de la Giralda de Séville que l'imitation de Stanford White à Madison Square.

Bien que Mary Garden ait apporté en Amérique trois des meilleurs rôles de son répertoire , Mélisande, Thais et Louise, six rôles , au moins, elle a chanté pour la première fois dans ce pays, Sapho, Natoma, Dulcinée dans *Don Quichotte* , Prince Charmant. à *Cendrillon* , Salomé et Carmen. Elle s'identifie pour la première fois à la gitane espagnole à l'Opéra de Philadelphie le 3 novembre 1911. Le 13 février 1912, avec la Philadelphia Company, on l'entend dans l'opéra de Bizet à New York. J'ai assisté à ces deux représentations et j'ai trouvé beaucoup de choses à admirer dans chacune d'elles. Mais quelque chose manquait ; quelque chose n'allait pas; personne ne semblait savoir exactement quoi. L'impression générale était que Mary Garden avait finalement échoué et on disait généralement qu'elle ne chanterait plus jamais Carmen. Pourtant, Miss Garden n'est pas de celles qui se laissent échouer ; peut-être se souvient-elle du mot de Schumann : « Celui qui se fixe des limites est toujours censé y rester. »... En tout cas, je n'ai pas été surpris d'apprendre que Miss Garden chantait Carmen à l'Opéra-Comique dans Paris pendant la saison 1916-17. À l' automne 1917, elle chanta le rôle à Chicago et le 8 février 1918, avec la Chicago Opera Company, elle réapparut dans le rôle à New York. Cette occasion peut être considérée comme l'un des plus grands triomphes qu'un chanteur ait jamais remporté. Car Mary Garden avait si entièrement repensé le rôle , si bien entrée dans son atmosphère, qu'elle en avait fait non seulement un de ses grands rôles (il se classe avec sa Mélisande, sa Monna Vanna et sa Thais), mais aussi qu'elle en avait fait *son* partie. Il n'y a en effet aucune Carmen du moment qui puisse lui être comparée.

Un gitan sauvage de Triana, cette apparition ; une *cigarrera* à la Fábrica de Tobacos pour le bien des « affaires d'Egypte » ; une vraie gitana dans sa *saya* « à plusieurs rangées de volants ». N'importe quel jour, dans les rues de Séville, on aurait pu la voir regarder à travers les grilles dans les patios, prête à dire *bahi* . « Yeux de bohémien, yeux de loup » est un proverbe espagnol, selon Mérimée, et Borrow nous dit qu'un gitan peut toujours être détecté par son œil : « Sa particularité consiste principalement dans une étrange expression de regard, qui doit être comprise doit être vu, et dans une fine glaçure qui le recouvre au repos et semble émettre une lumière phosphorescente . "... Ainsi, me semblait-il, étaient devenus les yeux de Mary Garden. Cette créature distincte , instinctivement paradoxale, serait tout aussi à l'aise dans les plaines arides d'Espagne, sur la scène sale d'une *maison de danse* à Triana, ou, gaiement parée et pailletée, comme un « papillon du commerce habillé » dans un boîte de la Plaza de Toros. Sensuelle et caline, comme dans la Seguidilla, frottant son dos de velours contre le *canari* ; fière et magnétique (elle devait emporter avec elle un morceau de *bar lachi*), elle attirait ses amants à ses côtés ; elle ne s'avança pas à leur rencontre. Bouillante de colère : d'autres Carmen ont lancé le casque après le départ de José ; Mary Garden lui *a tiré dessus comme une grenade à main éclatante.* Fataliste : des signes cabalistiques couvant en flammes violettes sur sa poitrine, publia finalement cette devise en lettres romaines : « *Je ne crains rien !* » Lorsqu'elle dansait, elle levait à peine ses pieds du sol, tapant ses talons en rythme et sensuellement dans le caché. les chambres de notre cerveau ; ainsi les inquisiteurs ont rendu leurs victimes folles avec l'interminable goutte, goutte, goutte d'eau. Sa manipulation de son éventail, un monstrueux éventail espagnol, corail d'un côté et à décors tauromachiens de l'autre, était en soi une leçon de grâce diabolique. Elle a fait de l'éventail une partie d'elle-même, une partie de son mouvement, comme le ferait une femme espagnole... Le point culminant était assez approprié ; sa réponse à José au dernier acte : « *Non, je ne t'aime plus* », chantée non pas avec force, non pas avec colère, mais avec une sorte de mépris amusé... Ainsi la gitane regarde-t-elle le busno ... *avec une sorte de mépris amusé* . Fataliste, humoriste , enchanteresse, panthère, sauvage, *gamine* , cette Carmen évoque tour à tour la brutalité vierge de l'Espagne, la passion austère et prodigieuse de Perséphone, les diableries frivoles de l'enfer lui-même.

20 juin 1918.

NOTES DE BAS DE PAGE :

[1] Il faut rappeler que Mérimée et Borrow écrivaient il y a près d'un siècle ; ce qui était vrai à l'époque ne l'est peut-être plus aujourd'hui. Borrow lui-même dit (dans "The Zincali") : "C'est, bien sûr, uniquement par le mariage mixte que les deux races se mélangeront un jour, et avant que cet événement ne se produise, de nombreuses modifications doivent avoir lieu parmi les Gitanos, dans leurs manières, dans leurs habitudes, dans leurs affections et leurs aversions, et peut-être même dans leurs particularités physiques ; beaucoup de choses doivent être oubliées des deux côtés, et tout est oublié au fil du temps.

[2] Néanmoins *Carmen* est fréquemment chantée en Espagne, même à Séville, bien que probablement plus souvent en italien qu'en français ou en espagnol.

[3] Il y a un récit pittoresque de cette Fábrica de Tobacos dans Baron Ch. " L'Espagne " de Davillier (Hachette ; Paris ; 1874).

[4] Selon WJ Henderson (dans son introduction à *Carmen* ; Dodd, Mead and Co., 1911), qui est généralement aussi précis que quiconque peut l'être sur de telles questions, « *Carmen* a été jouée pour la première fois à New York (en italien) à l'Académie de Musique, le 23 octobre 1878, sous la direction du colonel JH Mapleson. Les principaux chanteurs étaient Minnie Hauk dans le rôle de Carmen, Italo Campanini dans le rôle de Don José et Giuseppe del Puente dans le rôle d'Escamillo. Il faut cependant noter que Mme. Kellogg ne dit pas qu'elle fut la première Carmen *de New York* .

[5] M. Henderson donne une raison intéressante et probablement authentique pour expliquer la disparition de *Carmen* du répertoire du Metropolitan Opera House : « Elle n'a pas été jouée autant en Amérique ces dernières saisons qu'en Europe parce que le public américain a appris "Il ne faut pas s'attendre à une imitation très frappante de l'héroïne et ne pas aller avec impatience assister à l'opéra lorsqu'une telle imitation n'est pas proposée." Et encore : « L'imitation audacieuse, pittoresque et capricieuse du gitan par Mme Calvé est devenue l'idole de l'imagination américaine, et cela a causé beaucoup de mal, car alors que la talentueuse interprète a commencé la saison avec une caractérisation cohérente et bien exécutée, elle a rapidement a permis au succès de lui faire tourner la tête et de l'amener à abandonner le véritable art dramatique pour des dispositifs à bas prix destinés aux irréfléchis. Le résultat a été que les amateurs d'opéra ont trouvé les imitations correctes de Carmen sans intérêt.

Notes sur le texte

<u>P. 13.</u> "Je n'ai jamais su pourquoi elle a été abandonnée" : Oscar Hammerstein m'a dit depuis : "La partition nécessitait un grand nombre de guitaristes, plus que je ne pouvais en rassembler facilement. J'aurais dû être obligé d'engager tous les barbiers de New York."... Raoul Laparra m'a parlé avec enthousiasme de l'orchestration de *La Dolores* : "Les guitares produisent un effet extraordinaire."

<u>P. 14.</u> « Il y a probablement d'autres cas » : Au cours de la saison 1916-17, au moins deux tentatives furent faites par des entreprises espagnoles pour donner à New York un avant-goût de la zarzuela. En décembre à l'Opéra d'Amsterdam Arrieta's *Marina* et Chapí's *El Puñao de Rosas* a été chanté un soir et *El Pobre Valbuena de Valverde et America para los Americanos de* quelqu'un d'autre un autre. En avril, une troupe est venue au Théâtre Jardin et a donné la pièce de Chapí *La Tempestad* et peut-être quelques autres. Ces deux expériences ont été réalisées de la manière la plus primitive et étaient vouées à l'échec.... *The Land of Joy* fut la première pièce musicale espagnole de quelque prétention que ce soit (à l'exception des ennuyeux *Goyescas*) à être présentée à New York.

<u>P. 14.</u> " *La Gran Vía* " : J'ai entendu une représentation de cette zarzuela en italien au Théâtre populaire de Bowery, le 1er juillet 1918. L'œuvre est l'une des préférées des compagnies itinérantes d'opéra -bouffe italien , probablement en raison de la très délicieux *Jota des Pickpockets* dans lequel les roublards déjouent les policiers d'une douzaine de manières différentes. Cela dégage une note véritablement picaresque, qui rappelle le folklore. La musique de ce numéro est également la meilleure de la partition, à part le *Tango de la Menegilda* . Cette représentation était primitive et certainement pas à la manière espagnole, mais elle était très gaie et délicieuse du début à la fin.

<u>P. 15.</u> « la vogue antérieure de Carmencita » : Cette liste pourrait être allongée presque indéfiniment. Je n'ai fait aucune mention de Lola Montez, qui a dansé, joué, donné des conférences et est décédée dans ce pays. Cependant, ses prétentions au sang espagnol étaient pour la plupart des prétentions. Son père était le fils de Sir Edward Gilbert de Limerick, même si elle avait du sang espagnol du côté de sa mère. Elle a passé quelque temps en Espagne et y a étudié la danse espagnole, mais rien ne prouve qu'elle ait jamais acquis la maîtrise de cet art... Je crois qu'Otero et La Tortajada sont apparus dans ce pays. Mais aucune de ces femmes ne pouvait aider à l'étranger la cause de la musique ou de la danse espagnole. De ces deux-là, je peux parler personnellement car je les ai vus tous les deux. Elvira de Hidalgo, soprano espagnole, a chanté quelques représentations au Metropolitan Opera House

et au New Theatre à la fin de la saison 1909-1910. L'un de ses rôles était celui de Rosina, qui est plus appréciée des chanteuses espagnoles que Carmen. Margarita d'Alvarez , une contralto péruvienne née à Liverpool, a chanté lors de la dernière saison du Manhattan Opera House d'Oscar Hammerstein. Tortola Valencia a dansé pendant une courte période au cours de la saison 1917-18 dans une revue du Century Theatre. Quant aux peintres Francis Picabia , le Cubain, et Henry Caro- Delvaille , qui est presque entièrement espagnol dans sa sympathie et son apparence, mais tout à fait français dans son art, vivent tous deux actuellement dans ce pays... et l'œuvre de Pablo Picasso est bien connu ici.

P. 16. À ceux-ci, il faut ajouter Juan Nadal, ténor de la Chicago Opera Company, José Mardones, basse, Hipolito Lazaro, ténor, et Rafaelo Diaz, ténor de la Metropolitan Opera Company.

P. 18. "Où sont-ils?": Pedrell's *La Celestina* a trouvé de nombreux admirateurs. Camille Bellaigue dans "Notes Brèves " le recommande chaleureusement au directeur de l'Opéra-Comique de Paris : "Aussi bien, après tant de ' saisons ' russes , italiennes , allemandes, pourquoi ne pas en avoir une espagnole?"... *La Vida Breve* de Manuel de Falla a été produite à Paris avant d'être entendue à Madrid. G. Jean-Aubry en fait un grand éloge.... Et celle de José María Usandizaga *Las Les Golindrinas* se sont révélées extrêmement populaires en Espagne.

Les pianistes n'ont pas tardé à se rendre compte de la valeur et de la beauté de la musique espagnole qu'ils ont placée dans leurs programmes, sinon à profusion, du moins de manière non mesquine... mais autant que je sache, aucune musique espagnole n'a encore été jouée par eux. nos sociétés symphoniques de New York, bien que des œuvres de Granados, et peut-être celles d'autres compositeurs espagnols, aient été entendues ailleurs en Amérique. Cette négligence n'est pas seulement lamentable ; c'est stupide. Que la musique soit bonne ou mauvaise, intéressante ou ennuyeuse, New York devrait avoir le droit d'en entendre une partie. Je devrais suggérer, pour commencer, *Catalonia d'Albéniz*, *La Procesión del Rocio* de Joaquín Turina , *Divina Comedia* de Conrado del Campo , *Suite Murcienne* de Pérez Casas et *Noches en* de Manuel de Falla. *les Jardins d'Espagne* . Parmi ceux-ci, je préférerais entendre le deuxième et le dernier.

P. 18. « Il est en effet douteux que la zarzuela puisse s'implanter dans un théâtre de New York » : Plus de doute. Maintenant que nous avons entendu *The Land of Joy,* il est certain qu'un groupe de zarzuelas, présenté par une bonne compagnie avec un bon orchestre à la mode espagnole, serait accueilli ici avec enthousiasme.

P. 18. « En Espagne, les opéras italiens et allemands sont beaucoup plus populaires que les opéras espagnols » : Cette situation doit être assez familière à tout Américain ou Anglais, car ni en Amérique ni en Angleterre, l'opéra anglais n'a de statut. Voir la remarque à la page 70.

<u>P. 24.</u> « *Don Quichotte* » : Anton Rubinstein a écrit un poème symphonique portant ce titre.... Cette liste pourrait être beaucoup plus longue. Il convient certainement de mentionner ici la deuxième des *Estampes* pour piano de Debussy , *La Soirée dans Grenade* .... Pablo Casals (violoncelliste) et Ruth Deyo (pianiste) ont interprété *le Poème de Loeffler. Espagnol* lors d'un concert à Boston le 24 mars 1917.

<u>P. 25.</u> « Raoul Laparra » : Ce compositeur de sang basque a été presque constamment obsédé par l'idée de l'Espagne et a probablement écrit de la musique espagnole avec plus de cohérence que certains compositeurs ibériques que l'on pourrait citer. Il y aura un autre opéra-dansé, m'écrit-il, à ajouter à *La Habanera* et *à La Jota* , qui s'appellera *Le Tango et la Malagueña* , complétant ainsi la série des « trois drames suggérés par trois danses ». M. Laparra a épousé une Américaine et vit actuellement en Amérique. Il a terminé un opéra intitulé *Le Conquistador* , qui a évidemment à voir avec l'occupation espagnole de l'Amérique. Il a également écrit un livre, "La Musique Populaire en Espagne » (Delagrave ; Paris). « Le meilleur compositeur espagnol, *c'est* le peuple », telle est sa phrase.

Lors d'un concert à l'Aeolian Hall, le 6 janvier 1917, Harold Bauer joua *les rythmes de Laparra. Espagnols* (annoncé comme première représentation à New York). Il s'agissait d'une série d'impressions de danse caractéristiques. Le compositeur a fourni le commentaire suivant :

"Il existe en Espagne un monde peu connu en dehors de la péninsule ibérique elle-même, composé de ces gens avec leurs écoles, leurs traditions. C'est ce que j'ai essayé de saisir, c'est ce qui m'intéresse passionnément. Sans l'utilisation de airs indigènes J'ai façonné ma musique sur les rythmes et les formes indigènes et je me suis ainsi efforcé d' interpréter l'esprit du peuple. *Petenera* est conçue dans le style et le rythme caractéristiques créés par la chanteuse de ce nom, une andalouse, qui a vécu au siècle dernier. De vieux chanteurs qui l'avaient entendue m'ont dit qu'elle chantait « comme un ange ». Personne ne pouvait dire la date de sa naissance ou de sa mort, et elle est devenue un personnage légendaire pour lequel toute l'Andalousie a pleuré et pleure encore, même si sa beauté et sa voix ont causé beaucoup de malheur à beaucoup d'hommes.

" *Tientos* reproduit l'impression de ces mystérieux commentaires de la guitare avant ou pendant les figures mélodiques sanglotantes du chanteur. Le chanteur et le guitariste improvisent ensemble et, curieusement, toujours en harmonie, comme animés par une seule impulsion.

"Les *Sévillanes* ont une forme authentique. Ses quatre figures représentent la danse. Dans la Sévillane, deux danseurs, l'un en rouge, l'autre en jaune, se poursuivent comme deux gros papillons, au milieu du crépitement des castagnettes. C'est à la fois le la danse la plus gracieuse et la *plus fière* que je connaisse.

" *Rueda* est construite sur le rythme de la danse castillane du même nom en temps 5-8. Nous ne sommes plus en Andalousie, mais dans un autre décor : des hauts plateaux, où, graves comme le milieu naturel, dansent des êtres massifs qui semblent sont sorties du passé. C'est une danse de villes mortes, Ávila, Burgos et bien d'autres dormant dans la tristesse sublime de la vieille Castille où pleurent les grands vents.

" *Solea* appartient à un monde de magie, un monde de gitans . Chacun de ces gitans semble avoir dans son cœur et dans ses yeux une douleur, une fatalité méconnue. D'où le motif de ma *Habanera* et le caractère de son héros, Ramón.

" *Paseo* : soleil, cuivre, rouge, or, telles sont les vibrations sonores et visuelles de la fête espagnole. C'est surtout aux corridas qu'elles vous éblouissent, quand, au milieu des acclamations sauvages d'une assemblée excitée, la *Cuadrilla* : la troupe de combattants, de chevaux et de mulets caparaçonnés, fait son entrée dans l'arène. Tel est le sujet de cette « note » musicale.

M. Laparra élabora cette suite, ajoutant d'autres pièces et chansons pour piano et le 24 avril 1918, à l'Aeolian Hall, avec l'aide d'Helen Stanley, soprano, il donna un concert à l'Aeolian Hall de New York, qu'il intitula « A Musical Voyage à travers l'Espagne. "Ce ne sont pas des chansons comme on les chante en Espagne", a déclaré M. Laparra, "mais ce sont les formes musicales de ce pays exprimées à travers la vision d'un voyageur français et traitées par lui avec une totale liberté d'imagination".

M. Laparra est né le 13 mai 1876 et a étudié au Conservatoire de Paris avec Massenet et Gabriel Fauré. Il obtient le Prix de Rome en 1903.

P. 26. "les danses et les entr'actes sont de couleur espagnole " : Selon M. Sterling Mackinlay, Manuel García, qui assista à la première représentation de *Carmen* à Londres, le 22 juin 1878, fut "étonné et ravi de la couleur espagnole". colore la musique."

P. 28. "Clément et Larousse donnent une longue liste d' opéras *de Don Quichotte* , mais ils n'en incluent pas un de Manuel García" : Cet opéra est mentionné dans " Opern " de Hugo Riemann Handbuch " ainsi que d'autres sur le même sujet par Purcell, Paesiello , Salieri et Piccinni.

P. 29. "El Sombrero de tres Picos": Ce roman amusant d'Alarcón, traduit par Jacob S. Fassett, jr., a été récemment publié par Alfred A. Knopf.

<u>P. 29.</u> « *Il Trovatore* » : Aujourd'hui, nous n'avons pas l'habitude de considérer l'opéra de Verdi comme espagnol. Mais lisez Henry Fothergill Chorley (« Trente ans de souvenirs musicaux ») : « L'un des points d' *Il Trovatore* , — qui mérite peut-être d'être rappelé — une fois que tel ou tel air est passé dans les limbes des vieux airs — est celui de Signor Verdi. essai sur la couleur vocale espagnole gitane . Le chœur des épaves et des errants ouvrant le deuxième acte a une grossièreté,— une mesure ou deux de traînée orientale,—avant que les enclumes italiennes ne commencent,—qui doit rappeler à chacun une vraie musique gitane, comme on peut l'entendre et le voir en Espagne. — Ainsi aussi le récit monotone et inexpressif de la mère gitane Azucena, n'est animé que par sa propre passion, — d'autant plus véridique (peut-être) qu'il manque de caractère. la mélodie existe réellement chez ces gens-là, et les cris sauvages qu'ils poussent ne pourraient être réduits à une notation, sans la danse qu'ils accompagnent. — Signor Verdi l'aurait peut-être compris, mais avec des moyens d'expression insuffisants ; événements, une certaine notion de ce genre se retrouve dans ce que l'on peut appeler la musique caractéristique d' *Il Trovatore* .

<u>P. 29.</u> " *Don Giovanni* et *Les Noces de Figaro* " : " Séville, plus que toutes les villes que j'ai jamais vues, est la ville du plaisir... et en vivant gaiement et au présent, elle perpétue une tradition : c'est la ville de Don Juan, la ville de Figaro." Arthur Symons dans « Villes ».

<u>P. 30.</u> A cette liste d'opéras ajoutez *Les Abencérages de Cherubini*, *La Favorita* de Donizetti , *La Sorcière* de Camille Erlanger , *Giroflé-Girofla de Lecocq* , *Maritana de* Wallace , *Tiefland* , *Don Carlos* de Verdi , *Le Chef* de Sir Arthur Sullivan et *Le Docteur d'Alcántara* de Julius Eichberg .

<u>P. 36.</u> Pastora Imperio est probablement la plus importante de toutes les danseuses espagnoles contemporaines. Elle est gitane, fille de la danseuse La Mejorana et de Víctor Rojes , tailleur de toreros, et elle a épousé le *torero* El Gallo. Elle fait ses débuts au Japonés , le meilleur théâtre de variétés de Madrid, ouvert en 1900. En 1902, elle fréquente les Novedadés de la rue Alcala, où La Argentina, alors connue sous le nom d'Aidá , et la célèbre Amalia Molina apparaissent pour la première fois à Madrid. Les Frères Quintero ont écrit un sonnet à Pastora Imperio et ont écrit pour elle leur "Historia de Sevilla". Julio Romero de Torres l'a peinte. Et Benavente, lui-même, peut-être le plus grand des écrivains espagnols modernes, a écrit une description de sa danse : « Sa chair brûle de la chaleur dévorante de toute éternité, mais son corps est comme le pilier même du sanctuaire, palpitant lorsqu'il s'allume à la lueur des feux sacrés.... En regardant la vie de Pastora Imperio devient plus intense Les amours et les haines des autres mondes défilent sous nos yeux et nous nous sentons des héros, des bandits, des ermites assaillis par la tentation, des tyrans éhontés de la taverne— ce qu'il y a de plus haut et de plus bas en un. Une envie de crier des choses horribles

s'empare de nous : *Gitanaza !* Assassin ! Enfin, en résumant le tout, dans un élan d'exaltation nous louons Dieu, parce que nous. croire en Dieu quand nous regardons Pastora Imperio, tout comme nous le faisons quand nous lisons Shakespeare. » Récemment, La Imperio est apparu dans une pièce en un acte, dont la musique a été arrangée à partir de *El Amor Brujo de de Falla* .

Amalia Molina, évoquée plus haut, était dans la fleur de l'âge il y a une dizaine d'années.... Zuloaga a peint plusieurs portraits d'Anita Ramirez et d'autres danseurs espagnols. L'une de ses photos les plus admirées est celle d'une danseuse gitane en costume *de torero* .

Ici aussi, je peux parler de La Goya, une délicieuse chanteuse de music-hall qui s'est fait connaître non seulement en Espagne mais aussi en Amérique du Sud. Elle a fait une étude particulière sur les costumes. Raquel Meller est un type plus populaire, mais pas plus favori .

<u>P. 43.</u> "la queue d'un paon" : Dans la chanson de Catulle Mendès, *La Pavana* , mise en musique par Alfred Bruneau, il compare la pavane à un paon.

<u>P. 46.</u> "son origine au XIIe siècle": Tomás Bretón m'écrit qu'il trouve ridicule d'attribuer un tel âge à la jota. Ses recherches sur le sujet sont consignées dans un pamphlet (1911) intitulé " Rápida ojeada historica sur la musique espagnol ."

<u>P. 49.</u> Curieusement, dans le récit d'un critique musical sur un voyage en Espagne (« Espagne et Maroc » de HT Finck), une seule page est consacrée à une discussion sur la musique ou la danse espagnole. L'auteur n'est pas sympathique. Les caractéristiques rythmiques et dynamiques de la représentation qui ont tant suscité le ravissement de Chabrier ne font qu'agacer M. Finck. Je cite son récit qui commence par une expérience à Murcie : « Le soir, je suis tombé sur un spectacle intéressant dans la rue. Une femme et un homme chantaient en duo, s'accompagnant d'une guitare et d'une mandoline, formant une combinaison particulièrement agréable. , infiniment supérieur aux performances des bardes italiens qui s'accompagnent d'orgues à main ou de harpes bon marché, sans parler des horribles fanfares allemandes qui infestent nos rues. C'était en effet si agréable que j'ai suivi le couple pendant plusieurs pâtés de maisons. Mais à l'exception d'un concert d'étudiants à Séville, c'est presque la seule bonne musique que j'ai entendue en Espagne. Madrid et Barcelone ont des représentations d'opéra ambitieuses en hiver, et les Barcelonais vont jusqu'à prétendre qu'ils chantent et comprennent mieux Wagner. que les Berlinois ; mais comme les opéras étaient fermés pendant mon séjour, je n'ai aucun commentaire à faire sur cette vantardise. Dans un café chantant que j'ai visité à Séville, j'ai entendu, au lieu d'airs nationaux, de vulgaires Françaises chanter un français. version de « Champagne Charley » et choses vulgaires similaires ; personne, il est vrai, ne se souciait de ces chansons, alors qu'un rare morceau

de mélodie nationale du programme était sauvagement applaudi ; mais la mode doit bien sûr avoir son influence. Dans un autre café, la musique était purement espagnole, avec un accompagnement de guitare ; mais, selon l'usage espagnol habituel, il y avait sur la scène une douzaine de personnes qui frappaient si fort dans leurs mains, pour marquer le rythme, que la musique dégénérait en un simple bruit rythmique accompagnant la danse. Ces danses intéressent la population espagnole bien plus que n'importe quelle sorte de musique, et j'étais parfois amusé de voir un groupe d'ouvriers regarder le grotesque amateur danser d'un ou deux d'entre eux avec une expression de jouissance suprême et applaudir. à l'unisson pour garder le temps.

Voyant des danses indifférentes exécutées, affirme-t-il, par des femmes qui n'étaient plus jeunes, au début de son séjour espagnol, Théophile Gautier fut lui aussi d'abord enclin à traiter la danse espagnole comme un mythe (P. 31) : « Les danses espagnoles n'existe pas qu'à Paris, comme les coquillages , qu'on ne trouve que chez les marchands de curiosités , et jamais sur le bord de la mer. Ô Fanny Elssler ! qui es maintenant en Amérique chez les sauvages , même avant d'aller fr Espagne , nous nous Doutions bien que c'était vous qui avez retenu inventé la cachucha!"... C'était à Vitoria. A Madrid, il écrit: "On nous avait dit à Vitoria, à Burgos et à Valladolid, que les bonnes danseuses étaient à Madrid ; à Madrid, l'on nous a dit que les danseuses de cachucha véritables n'existaient qu'en Andalousie , à Séville . Nous verrons bien; mais nous avons peur qu'en fait de danses espagnoles , il ne nous faille en revenir à Fanny Elssler et aux deux soeurs Noblet."... En Andalousie il capitule : "Les danseuses espagnoles , bien qu'elles n'étaient pas le fini , la correction précise , l'élévation des danseuses françaises , leur sont , à mon avis , bien supérieur par la grâce et le charme ; comme elles travailler peu et ne s'assujetissent pas à ces terribles exercices d'assouplissement qui fait ressembler une classe de danse à une salle de torture, elles éviter cette maigreur de cheval entraîné qui donne à nos ballets quelque chose de trop macabre et de trop anatomique ; elles conservant les contours et les rondeurs de leur sexe ; elles ont l'air de femmes qui dansent et non pas de danseuses, ce qui est bien différent .... En Espagne les pieds quitter à peine la terre; point de ces grands ronds de jambe, de ces écarts qui font ressembler une femme à un compas forcé , et qu'on trouve là - bas dune indécence révoltante . C'est le corps qui danse, ce sont les reins qui se cambrent , les flancs qui plient , la taille qui se tord avec une souplesse d'Almée où de couleuvrer . Dans les poses renversées , les épaules de la danseuse vont presque toucher la terre; les bras, pâmés et morts , ont une flexibilité , une mollesse d'écharpe dénouée ; on dirait que les mains peuvent à peine soulever et faire babiller les castagnettes d'ivoire aux cordons tressés d'or; et cependant, au moment venu , des liens de jeune jaguar succèdent à cette langueur voluptueuse , et prouvent que ces corps, doux comme la soie , enveloppent des muscles d'acier ...."

<u>P. 50.</u> « la malagueña » : Gautier décrit ainsi cette danse : « La *malagueña* , danse locale de Málaga, est vraiment dune poésie charmante. Le cavalier paraît d'abord , le *sombrero* sur les yeux , embossé dans sa cape écarlate comme un hidalgo qui se promène et cherche les aventures . La dame entre, drapée dans sa mantille , son éventail à la main, avec les façons d'une femme qui va faire un tour à l'Alameda . Le cavalier tâche de voir la figure de cette mystérieux sirène ; mais la coquette manœuvre si bien de l'éventail , l'ouvre et le ferme si à propos , le tourne et le retourne si promptement à la hauteur de son joli visage, que le galant , désappointé , recule de quelques pas et s'avise d'un autre stratagème . Il fait parler des castagnettes sous son manteau. A ce bruit, la dame prête l'oreille ; elle sourit , son sein palpite , la pointe de son petit pied de satin marque la mesure malgré elle ; elle jet son éventail , sa mantille , et paraît fr folle toilette de danseuse, étincelante de paillettes et de clinquants, une rose dans les cheveux , un grand peigne d'écaille sur la tête. Le cavalier se débarrasse de son masque et de sa cape, et tous deux exécutent un pas d'une. originalité délicieux ."

<u>P. 51.</u> « les *Romalis* » : Arthur Symons a écrit un très beau passage pour décrire une danse gitane. Si vous avez vu Doloretes, vous penserez peut-être à elle en le lisant : « Toute la danse espagnole, et spécialement la danse des gitans , dans laquelle on la voit dans son développement le plus caractéristique, a une origine sexuelle et s'exprime, comme la danse orientale. fait, mais de façon moins crue, la pantomime de l'amour physique. Dans la danse typiquement gitane telle que je l'ai vue dansée par une belle Gitana à Séville, il y a quelque chose de simple gaminerie et quelque chose de vagabondage automatique des enfants et ; la pantomime lascive d'un art très savant de l'amour. Elle a ainsi toute l'excitation de quelque chose de spontané et d'étudié, du vice et d'une sorte d'innocence coquine, de la gaieté irréfléchie de la jeunesse ainsi que l' humour complice de l'expérience. une danse pleine d' humour , plus pleine d' humour que de passion ; elle imite en effet la passion du côté purement animal, et avec une sorte de froideur même dans sa frénésie, elle est capable de variations infinies, mais un drame improvisé ; sur un thème donné ; et cela pourrait durer indéfiniment, car il n'est conditionné que par la pantomime dont nous savons qu'elle a de larges limites. Un geste plus ou moins et cela devient obscène ou innocent ; il est toujours à la limite du doute et acquiert ainsi son extraordinaire fascination. Je retenais mon souffle en regardant la bohémienne dans le dancing de Séville ; Je me sentais osciller inconsciemment au rythme de son corps, de ses mains qui me faisaient signe, du sourire étincelant qui allait et venait dans ses yeux. J'avais l'impression d'être entraîné dans un tourbillon brillant dans lequel je me tournais, me tournais, entendant le bourdonnement de l'eau s'accumuler au-dessus de ma

tête. La guitare bourdonnait, bourdonnait, sur un rythme cabré, la bohémienne lovée sur le sol, dans sa robe traînante, ne montrant jamais seulement ses chevilles, avec une rapidité concentrée sur elle-même ; ses mains lui faisaient signe, se tendaient, s'agrippaient délicatement, vivaient jusqu'au bout de leurs doigts ; son corps se redressait, se courbait, ses genoux se pliaient et se redressaient, ses talons battaient sur le sol, la portant en arrière et en rond ; les orteils pointaient, s'arrêtaient, pointaient, et le corps s'affaissait ou s'élevait dans l'immobilité, une pause souriante et significative de tout le corps. Puis le mouvement redevint plus vif, plus retenu, comme taquiné par des limites invisibles, comme s'il tournait sur lui-même dans un vain désir de s'échapper, comme s'il était pris dans ses propres labeurs ; plus fébrile, plus fatal, l' humeur devenant douloureuse, avec la douleur du désir réalisé ; plus sérieux, plus avide, avec la langueur dans laquelle le désir meurt triomphant.

P. 54. Un autre récit de cette danse dans la cathédrale peut être trouvé dans "L'Espagne et les Espagnols" de de Amicis.... HT Finck a vu cette danse et il lui consacre un court paragraphe à la P. 56 de son "L'Espagne et les Espagnols". Maroc." La description d'Arthur Symons dans son essai sur "Séville" dans "Cities" est assez charmante pour citer : "Il n'y avait que peu de lumière sauf autour de l'autel, qui brillait de bougies ; tout à coup un rideau s'écarta, et les seize garçons, dans leur costume bleu et blanc, tenant des chapeaux à plumes à la main, s'avancèrent et s'agenouillèrent devant l'autel. Les prêtres, qui chantaient, remontèrent du chœur, se levèrent et se formèrent en deux huit, face à face, devant ; de l'autel, et les prêtres s'agenouillèrent en demi-cercle autour d'eux. Alors un orchestre invisible commença à jouer, et les garçons mirent leurs chapeaux et commencèrent à chanter les *coplas* en l'honneur de la Vierge :

« Ô mi, ô mi amada
Immaculada ! »

alors qu'ils chantaient sur une mesure de danse. Après avoir chanté les *coplas*, ils se mirent à danser, toujours en chantant. C'était une sorte de menuet solennel, les pieds jamais retirés du sol, un menuet de pas délicats et de mouvements complexes, dans lequel un carré central se formait, se divisait, une ligne entière passant par la ligne opposée, les extrémités extérieures répétant alors une les mouvements d'un autre pendant que les autres se tournaient et se divisaient à nouveau au milieu. Le premier mouvement était très lent, le second plus rapide, se terminant par une pirouette ; puis vinrent deux mouvements sans chant, mais avec accompagnement de castagnettes, le premier mouvement encore très lent, le second un rapide cliquetis de castagnettes, comme le cliquetis des timbales, mais exécuté sans lever les mains au-dessus du niveau des coudes. . Puis tout se répéta depuis le début, les garçons ôtèrent leurs chapeaux, se mirent à genoux devant l'autel et sortirent rapidement. Un ou deux vers furent chantés, l' archevêque donna sa bénédiction et la cérémonie fut terminée.

"Et, oui, je l'ai trouvé parfaitement digne, parfaitement religieux, sans soupçon de légèreté ou d'indécorum. Cette consécration de la danse, cette transformation d'un vice possible en moyen de dévotion, cette introduction de l'art populaire, de la passion populaire , qui à Séville danse dans l'église, y trouvant sa place, est précisément un de ces actes de sagesse divine et mondaine que l'Église a si souvent pratiqués dans sa conquête du monde.

P. 55. « le fandango » : J'ai trouvé la référence suivante au fandango dans le livre remarquablement intéressant et extrêmement curieux de Philip Thicknesse , « A Year's Journey through France and Part of Spain » (Londres ; 1777) : « Dans aucune partie du Il y a donc dans le monde des femmes plus caressées et plus soignées qu'en Espagne. Leur comportement en public est grave et modeste ; et pourtant elles sont très adonnées au plaisir ; *Le fandango* en privé, soit d'une manière décente, soit d'une manière indécente. Je l'ai vu danser dans les deux sens, par une jolie femme, ce qui n'est rien de plus *impudiquement agréable* , et on m'a montré une jeune dame à *Barcelone* qui, au milieu de tout cela ; Dance s'est enfuie de la pièce en disant à sa partenaire qu'elle n'en *pouvait* plus ; — il a couru après elle, bien sûr, et doit répondre des conséquences que je trouve dans la musique du *Fandango* , écrite sous une seule mesure, *Salido.* , ce qui signifie *sortir* ; c'est là que la femme doit se séparer un peu de son partenaire et se déplacer lentement par elle-même ; et je suppose que c'est dans *ce bar que la* dame était tellement bouleversée qu'elle était déterminée à ne pas revenir. Les mots *Perra Salida* devraient donc être placés dans ce bar, quand les dames le dansent avec bon *goût* ."

Philip Thicknesse fait partie des figures injustement oubliées du XVIIIe siècle. Il a écrit vingt-quatre livres, dont la première Vie de Thomas Gainsborough, qu'il prétend avoir découvert et qui contient des récits d'images disparues, "Un traité sur l'art de déchiffrer et d'écrire en chiffre avec un alphabet harmonique", et le récit susmentionné d'un voyage à travers la France et l'Espagne qui contient l'une des premières descriptions sympathiques de Montserrat. Thicknesse menait une vie loin d'être ennuyeuse et son cours fut marqué par une série de violentes querelles. Né en 1719, il était en Géorgie avec le général Oglethorpe en 1735. Plus tard, il combattit des nègres sauvages en Jamaïque et navigua en Méditerranée avec l'amiral Medley. En 1762, il eut un différend avec Francis Vernon (plus tard Lord Orwell et comte de Shipbrooke) alors colonel de la milice du Suffolk ; et après avoir envoyé au colonel le cadeau ridicule d'un fusil en bois, il fut impliqué dans une action en diffamation avec pour résultat qu'il fut incarcéré pendant trois mois dans la prison de King's Bench et condamné à une amende de 300 £. Il s'est marié trois fois. Pour son fils, par son second mariage, le baron Audley, il conçut une haine profonde dont il y a un écho dans son testament où il désire que sa main droite soit coupée et envoyée à Lord Audley pour lui rappeler son devoir envers Dieu après ayant abandonné si longtemps le devoir qu'il devait envers son père. Le titre de son dernier livre témoigne également de cette querelle : « Mémoires et anecdotes de Philip Thicknesse , feu lieutenant-gouverneur du Fort de la Garde terrestre et malheureusement père de George Touchet, baron Audley ». En 1774, son amitié de vingt ans avec Gainsborough se termina par une misérable querelle. En 1775, un décret de chancellerie ratifié par la Chambre des Lords, auquel il fit appel, le priva de ce qu'il considérait comme son droit à 12 000 £ de la famille de sa première épouse. Se sentant chassé de son pays, accompagné de sa troisième femme, de ses deux enfants et d'un singe, il partit vivre en Espagne, mais il revint en Angleterre au bout d'un an et publia le livre que j'ai cité. Sa troisième épouse, Anne Ford, était célèbre comme musicienne et vous trouverez peut-être des récits à son sujet dans l'ancien dictionnaire Grove. Elle jouait de la guitare, de la viole de gambe et des « lunettes musicales » et chantait des airs de Haendel et des premiers Italiens. L'inspecteur des douanes de Cette, en route vers l'Espagne, trouva « une basse de viole, deux guitares , un violon et quelques autres instruments de musique » dans les bagages de Thicknesse . Thicknesse meurt en 1792 et est enterré au cimetière protestant de Boulogne. La plus grande partie de son travail en Espagne est consacrée à un récit de Montserrat, qu'il a visité avant sa spoliation.

P. 56. "M. Philip Hale en a trouvé le récit suivant (le fandango quelque part") : Dans la traduction anonyme, incomplète et quelque peu incorrecte de "La Danse" de Gaston Vuillier (Hachette et Cie., 1898). Dans l' œuvre originale, cette description du fandango semble être attribuée à Tomás de Iriarte bien que le texte soit un peu ambigu. Dans la traduction anglaise intitulée « A History of Dancing », le chapitre VIII est principalement consacré à la danse espagnole ; dans l'œuvre originale, il s'agit du chapitre IX. Vuillier tire l'essentiel de son matériel de l'ouvrage élaboré du baron Charles Davillier, " l'Espagne ", illustré par Gustave Doré. Vuillier cite Davillier très librement. Les chapitres de Davillier sur la danse espagnole (chapitres XIV et XV) sont extrêmement intéressants et le baron a rassemblé lui-même une grande partie de leur matériel. Il y a par exemple une description de La Campanera dansant sur la musique indifférente d'un violoniste aveugle dont les airs s'avèrent si peu inspirants que Doré saisit le violon de ses vieux doigts tremblants et le joue lui-même avec beaucoup d'effet. Davillier décrit Doré comme un violoniste de premier ordre qui avait reçu les éloges de Rossini. Une autre fois, Davillier et Doré, stimulés par la danse des gitans , se lancent eux-mêmes dans ce sport, tapent sauvagement des talons, agitent les bras et tournent en rond avec les gitanas tandis qu'un grand groupe applaudit. Ce livre qui fut publié chez Hachette à Paris en 1874 fut paru à New York, dans la traduction de J. Thomson, avec les illustrations originales, par Scribner, Welford et

Armstrong en 1876. Dans l'édition américaine, les deux chapitres français sont enroulés dans un, chapitre XIV.

<u>P. 57.</u> « ne peut pas être transplanté, mais reste local » : les expériences espagnoles de James Huneker, telles que relatées dans le chapitre sur Madrid de "La Nouvelle Cosmopole", semblent avoir été malheureuses. Il y a ceux qui seraient en désaccord avec chaque affirmation du paragraphe suivant : « La meilleure danse espagnole ne se trouve pas en Espagne aujourd'hui. Il faut aller à Paris pour Otero et Carmencita. La cuisine la plus caractéristique d'Espagne ne l'est pas non plus ; pas à Madrid. Le plus grand opéra espagnol a été composé par le Français Bizet.

<u>P. 62.</u> "Airs populaires espagnols": Le catalogue espagnol de la Compagnie de Phonographes Victor offre une magnifique occasion pour l'étude de la musique populaire espagnole et tzigane. On y trouve même des exemples de chants gitans, conçus dans des gammes ésotériques, chantés par des gitans accompagnés à la guitare. M. Caro- Delvaille a attiré mon attention sur les numéros 62365 (Petenaras) et 62289 (Soleares). Les numéros 62078 (Sevillanos et Ferruca) et 62077 (Jotas Nuevas), chantés par Pozo, sont également bons. La plupart des disques de Pozo s'avéreront intéressants.

<u>P. 62.</u> Lorsque Dmitri Slaviansky visita Barcelone avec sa chorale russe en 1895, introduisant la musique populaire russe en Espagne, il s'intéressa beaucoup à la musique populaire de Catalogne. Son enthousiasme était contagieux et les musiciens espagnols eux-mêmes étaient pris de fièvre. Cette même année, Enrique Morera a réalisé une harmonisation du premier couplet de *Sant Ramón* , une mélodie traditionnelle de l'île de Majorque, interprétée par le Chœur russe. Plus tard, Amadeo Vives fonda l' Orfeó Catalá , une chorale qui se consacre en grande partie à l'exploitation de la musique folklorique et religieuse ancienne, arrangée par Morera, Pedrell et d'autres compositeurs espagnols. Lluis Millet est aujourd'hui le directeur de cette organisation qui visita Paris et Londres au printemps 1914. Dans ces deux villes, le Chœur fut accueilli avec enthousiasme. Henry Quittard écrivait dans "Le Figaro" : "Il faut avouer que nous n'avons jamais rien entendu qui puisse s'approcher de cet ensemble extraordinaire." Emile Vuillermoz disait : « Un programme des plus variés a montré toutes les ressources de cet instrument miraculeux, qui nous ravit et en même temps nous humilie profondément. La comparaison de nos chœurs français les plus réputés avec cette splendide phalange est singulièrement triste pour notre propre orgueil. Jamais avons-nous eu une telle discipline dans un groupe qui réunit des voix d'une telle qualité. Maintenant, nous savons ce qu'on peut faire. Il est impossible d'imaginer le degré de perfection technique, de virtuosité collective, que peuvent atteindre les voix humaines, avant d'avoir entendu le colossal. orgue vivant que Lluis Millet a présenté à Barcelone." Lluis Millet a publié un livre avec des illustrations musicales sur "La chanson populaire religieuse

d'Espagne". Le 15 janvier 1918, la Schola Cantorum de New York sous la direction de Kurt Schindler donne un concert au Carnegie Hall dont la majeure partie du programme est consacrée aux chants du répertoire de l' Orféo. Catalá , chanté dans les langues originales. À proprement parler, ces chansons ne peuvent plus être qualifiées de chansons folkloriques, car elles ont toutes été réarrangées. Dans certains cas, hormis l'utilisation occasionnelle d'une mélodie folklorique, elles peuvent être considérées comme des compositions originales. Plusieurs chansons ont été arrangées, dans certains cas on pourrait presque dire composées, par Kurt Schindler et présentées pour la première fois sous leur nouvelle forme. L'un d'eux, *Le Miracle de la Vierge Marie* , un cantique de la Galice espagnole du XIVe siècle, dans lequel la belle voix de Mabel Garrison a joué un rôle important , s'est révélé très beau. L'ensemble du programme a en effet suscité le plus profond intérêt.

P. 62. « Après la corrida » : EE Hale (« Sept villes espagnoles ») a réalisé l'exploit presque impossible d'écrire un livre sur l'Espagne sans avoir assisté à une corrida. Autant tenter d'écrire une histoire de l'opéra, après avoir refusé d'écouter Le *Ring de Wagner* . HT Finck ("Espagne et Maroc") était satisfait et dégoûté d'une demi-corrida. Son attitude est citée et reflétée dans Baedeker... Des récits plus sympathiques et plus détaillés de ce divertissement espagnol très populaire peuvent être trouvés dans "Rassemblements d'Espagne" de Richard Ford, "Voyage en Espagne » , « L'âme de l'Espagne » de Havelock Ellis et « L'Espagne et les Espagnols » de de Amicis. Edward Penfield a illustré une corrida dans ses « Spanish Sketches ». Le chapitre sur la corrida dans « Castilian Days » de John Hay " est très lisible. Les meilleures descriptions fictionnelles du sport tauromachien que je connaisse se trouvent dans l'histoire très vivante de Frank Harris "Montes le Matador" (Gautier, d'ailleurs, consacre de nombreuses pages nerveuses à Montes) et dans le premier roman d'Edgar Saltus , "M. La mésaventure d'Incoul ."

P. 64. "introduisent souvent leur propre dialogue": Ce n'est plus vrai, m'informe M. John Garrett Underhill, car la Sociedad de Autores a interdit de telles interpolations.

P. 64. "La Zarzuela": Je suis redevable à M. John Garrett Underhill pour les remarques suivantes concernant la zarzuela: "La zarzuela était à l'origine une opérette romantique en trois actes , en partie chantée et en partie parlée, et elle a continué sous cette forme jusqu'à ce que l'introduction de la forme en un acte au début des années 80. Les représentations données au Teatro de Zarzuela étaient pour la plupart sous la forme la plus élaborée, tandis que le *género chico* (genre moindre) s'est installé à l'Apolo avec le passage à un acte. les zarzuelas sont devenues plus réalistes - de minuscules images des coutumes locales, etc., construites autour de chants et de danses caractéristiques, de sorte que maintenant le nom est devenu assez bien synonyme de ce type de divertissement, tandis que l'on parle généralement de la forme plus ancienne. comme opérette. Autrement dit, une zarzuela est plutôt un divertissement musico -dramatique fortement espagnol qu'une simple forme mixte, *qui* illustre précisément cette qualité, même si, n'ayant aucun élément dramatique, ce n'est pas une zarzuela.

"Les zarzuelas les plus populaires sont toutes fortement colorées . Ce sont *La Alegría de la Huerta* , musique de Federico Chueca , construite autour d'une scène de réjouissances provinciales, *La Verbena de la Paloma* de Bretón , traitant d'une fête religieuse populaire de Madrid. , *Certamen Nacional* de Manuel Nieto , *El Cabo Primero* et *Gigantes y Cabezudos* de Fernández Caballero et Chapí *El Puñao de Rosas* . Tout cela est en un seul acte et les parties parlées sont une large comédie basse. À cela, il faut ajouter *Marina d'Emilio Arrieta* , en trois actes, le meilleur exemple de la forme ancienne, montrant une forte influence italienne. *Marina* est le genre de classique de l'opéra chez les Espagnols que *Pinafore* - une autre œuvre nautique - est avec nous.

"Ce qu'il y a de plus distinctif dans la zarzuela, c'est sa basse comédie et *son sal espagnol* , ainsi que cette indiscipline particulière si bien illustrée par *La Terre de la Joie* . En d'autres termes, la zarzuela est un état d'esprit, tout comme la musique espagnole est une expression de La vie espagnole, et inintelligible sans une certaine compréhension de ses symboles.

"Il serait prudent de dire que chaque zarzuela a soit un élément de comédie réaliste, soit présente une forme directe de théâtralité , la différenciant à cet égard des œuvres d'une catégorie purement artistique. Pourtant, il est difficile de tracer la ligne. La zarzuela n'est pas sans une saveur semblable à celle de notre scène burlesque. L'analogue serait le burlesque américain écrit par des dramaturges de grande intelligence. Si le *Mulligan Guards Ball de Harrigan* avait été compressé en un seul acte, cela aurait été une zarzuela typique.

<u>P. 65.</u> « *La Gran Vía* » : Voir note à la page 14.

<u>P. 65.</u> « Habituellement, quatre zarzuelas distinctes sont jouées en une seule soirée devant autant de publics » : À l'Apolo. "La soirée est divisée en sections distinctes - quatre ou cinq sont le nombre habituel", écrit M. Underhill. "Celles-ci sont appelées *funciones* , chacune consistant en une seule pièce. Si la première *función* commence à huit heures, la seconde suivra à neuf ou neuf heures quinze, la troisième à dix heures, la quatrième peu après onze heures et la dernière, qui est communément une farce, attirant peut-être les éléments les moins puritains de la communauté, à midi ou à midi un quart. Un système similaire prévaut l'après-midi. Il y a une variation considérable dans les heures des *funciones* dans les différentes villes, selon le caractère et les habitudes. de la population. Dans certains théâtres, les représentations sont pratiquement continues.... Une entrée séparée est facturée pour chaque *fonction* .... Des salles d'attente spacieuses et confortables sont prévues dans

lesquelles le public se rassemble pour la *fonction suivante* avant la conclusion de celle-ci. en cours, de sorte que le retard lié au changement nécessaire est réduit au minimum, n'excédant jamais un quart d'heure. Pendant ce temps, des huissiers circulent dans les allées et les loges en prenant les billets de ceux qui restent, bien que dans ces théâtres populaires la reconstitution se fasse. du public est pratiquement terminé."

P. 69. « *villancicos* » : Au programme du deuxième concert historique donné par M. Fétis à Paris, le 18 novembre 1832, consacré à la musique du XVIe siècle, je trouve : « *Vilhancicos espagnols, à 6 voix de femmes, avec 8 guitares obligées, composées par Soto de Puebla et exécutées dans un concert à la cour de Philippe II (1561)*

.

P. 70. George Henry Lewes donne un aperçu du drame en Espagne, en abordant la zarzuela, dans le chapitre XIV de « Des acteurs et de l'art d'agir ».

P. 70. « l'opéra italien » : A l'époque de Gautier, Bellini était le compositeur favori (voir P. 215, « Voyage en Espagne ").

John Hay écrit dans "Les Journées castillanes" (1871) : "Madrid possède un superbe opéra, qui pourrait tout aussi bien être à Naples, malgré tout son caractère national ; le Théâtre de la Cour, où pas un mot de castillan n'est jamais entendu, ni un air de musique espagnole.... Les airs champagny d'Offenbach se font entendre dans toutes les villes d'Espagne plus souvent que les ballades du pays. A Madrid, il y a plus de *pilluelos* qui sifflent *Bu qui s'avance* que l'Hymne de. Riego. Le Cancan a pris sa place sur les planches de toutes les scènes de la ville, apparemment pour y rester ; et les exquises jota et cachucha cèdent la place aux bestialités du Casino Cadet.

Il convient de rappeler à ce propos que le Metropolitan Opera House de New York et le Covent Garden Theatre de Londres "pourraient tout aussi bien être à Naples", "en raison de tout leur caractère national" qu'ils ont. Nos orchestres symphoniques interprètent également des œuvres de compositeurs autochtones aussi rarement que ceux de Madrid.

P. 75. Pour compléter la période 1850-70, quatre noms, omis par inadvertance dans le texte original de « L'Espagne et la musique », sont nécessaires, ceux de Joaquín Gaztambide, Emilio Arrieta, Baltasar Saldoni et Francisco A. Barbieri. Joaquín Gaztambide, né le 7 février 1822, fut élève du Conservatoire de Madrid et chef d'orchestre des concerts « Pensions » du Conservatoire. Il fut le compositeur d'au moins quarante zarzuelas dont voici quelques titres : *La Cisterna Encantada* , *La Edad en la Boca* , *Matilda y Malek Adel* , *El Secreto de la Reina* , *Las Señas del Archiduque* et *El Valle de Andorra* . Il décède le 18 mars 1870.

Emilio Arrieta, né le 21 octobre 1823, fut élève du Conservatoire de Milan de 1842 à 1845. Bon nombre des meilleurs musiciens espagnols ont reçu leur formation hors d'Espagne. Son premier opéra, *Ildegonda* , a été produit à Milan. Il retourna en Espagne en 1848. En 1857, il devint professeur de composition au Conservatoire de Madrid et devint plus tard directeur de cette institution. Il décède le 11 février 1894. La longue liste de ses zarzuelas et opéras (il y en a une cinquantaine au total) comprend les titres suivants : *La Conquista de Granada* , *La Dama del Rey* , *De Madrid à Biarritz* , *Los Enemigos. Domesticos* , *La Tabernera de Londres* , *Un Viaje á Cochinchine* et *La Vuelta del Corsario* .

Francisco Asenjo Barbieri, né à Madrid le 3 août 1823, y étudia au Conservatoire et après une carrière variée comme membre d'une fanfare militaire, d'un orchestre de théâtre et d'une troupe d'opéra italienne, devint secrétaire et promoteur en chef d'une association pour l'institution un opéra national espagnol et encourageant la production de zarzuelas, en opposition à l'opéra italien. *Gloria y Peluca* (1850), *Jugar con Fuero* (1851) furent les premières de ces zarzuelas, dont il écrivit soixante-quinze en tout. Il était également professeur et critique. Il mourut à Madrid, le 19 février 1894.

Baltasar Saldoni (1807-1890), né à Barcelone et éduqué au monastère de Montserrat, fut organiste et professeur ainsi que compositeur. Ses œuvres comprennent une symphonie pour orchestre, fanfare militaire et orgue, *A mi patria* , un *Hymne au Dieu de l'Art* , des opéras et des zarzuelas, et une grande quantité de musique d'église et d'orgue.

P. 76. « Felipe Pedrell » : *El Último Abencerraje* a été chanté en italien lors de sa production à Barcelone en 1874. *Quasimodo* est une version lyrique de « Notre-Dame de Paris » de Victor Hugo. *Mazeppa* (d'après Byron) est en un acte ainsi que *le Tasse* ; *Cléopâtre* est en quatre actes. *Los Pireneos* est la première partie d'un triptyque dont *La Celestina* est la deuxième. Les trois parties sont nommées respectivement Patrie, Amour et Foi. A ma connaissance, la troisième partie n'est pas encore parue. *La Matinada* est appelée « un paysage musical », pour solo, chœur et orchestre invisible.

Henri de Curzon, qui a traduit *La Celestina* en français, a un récit exhaustif et extrêmement intéressant de Pedrell dans « La Nouvelle Revue », Vol. 25, P. 72, sous le titre « Un maître de la Musique Espagnole ». Un essai très élogieux sur *La Célestine* de Camille Bellaigue se trouve dans son livre intitulé "Notes Brèves ". Bellaigue raconte qu'il reçut la partition en 1903 mais ne trouva le temps de l'étudier que pendant l'été pluvieux de 1910. Son enthousiasme est sans retenue bien qu'il n'ait pas entendu l'œuvre jouée. Le titre de l'essai est "Un Tristan Espagnol " et il dit : "la joie et la douleur , l'amour et la mort partout se touchent et se fondent ici . De leur contact et de leur fusion, jamais encore une fois , depuis *Tristan* , l'art lyrique n'avait aussi fortement exprime le sombre mystère ." Il appelle l'œuvre "le plus original et le plus admirable peut-être , après *Boris Godunow* , qui, depuis les temps déjà lointains de *Falstaff* , nous soit venu de l'étranger ."

P. 78. " *La Bruja* " : Manrique de Lara dit de cette œuvre : " Cette partition de notre plus grand compositeur rompit brusquement avec la tradition italienne qui, dans la forme au moins, asservissait jusqu'alors nos productions musicales. Une influence nouvelle, ayant sa haute origine dans des œuvres de pur style classique, qu'elles soient symphoniques ou dramatiques, a conduit nos pas sur de nouveaux chemins à *La Bruja* .

P. 80. « *La Verveine de la Paloma* » : Raoul Laparra m'a raconté que Saint-Saëns admirait tellement cette œuvre qu'il l'avait mémorisée et l'avait jouée et rejouée sur son piano.

P. 81. Il convient d'insérer ici le nom d'Emilio Serrano, né dans la ville basque de Vitoria. Il se rend très tôt à Madrid, où il étudie le piano avec Zabalza et la composition au Conservatoire avec Eslava et Arrieta. Très jeune, il commence à écrire des zarzuelas, dont la meilleure de cette période est probablement *El Juicio de Friné* . Son opéra *Mithradates* , à la manière italienne, fut créé en 1882 au Teatro Real de Madrid. Plus tard, il produit dans la même maison *Doña Juana la Loca* et *Irene de Otranto* , dont José Echegaray a fourni le livret. Il a écrit son propre livre pour *Gonzalo de Córdoba* , un opéra en prologue et trois actes (1898). Son dernier opéra, *La Maja de Rumbo* , conçu pour le Lírico (aujourd'hui le Gran), n'a été joué qu'à Buenos Ayres. Il a écrit un quatuor, une symphonie, un concerto pour piano et au moins deux poèmes symphoniques, *La Primera Salida de Don Quijote* et *Los Molinos de Viento* . Emilio Serrano a succédé à Arrieta comme professeur de composition au Conservatoire de Madrid et rares sont les compositeurs espagnols des deux dernières décennies qui n'ont pas été ses élèves.

P. 82. "Albéniz" : G. Jean-Aubry écrit à propos de ce compositeur : "Tous les jeunes compositeurs d'Espagne lui doivent une dette. Albéniz est l'Espagne, comme Moussorgski est la Russie, Grieg la Norvège et Chopin la Pologne.. .. *Iberia* marque le sommet de l'art d'Albéniz. Seul Albéniz pourrait oser placer ce titre à la fois simple et fier, en tête des douze divisions de ce poème. On retrouve ici tout ce que l'émotion et la culture peuvent désirer. il atteint ici une sûreté de toucher et une originalité de technique qui demandent beaucoup d'attention et qui n'ont pas d'objet ultérieur. Il a même parfois sacrifié la perfection de la forme. Il y a sans doute des critiques exigeants qui trouveront des défauts, mais ceux qui existent ne le sont pas. préjudiciable à l'expression, et cela seul est important. En musique, il existe de nombreux excellents savants mais peu de poètes ont toute la puissance du poète : aisance et richesse du style, beauté et originalité de l'imagerie, et un sens rare de la suggestion. ... Les *Préludes* et *Études* de Chopin, le *Carnaval* et *Kreisleriana* de Schumann, les *Années de Pèlerinage* de Liszt, le *Prélude* , *Choral et Fugue* , et le *Prélude* , *Air et Finale* de Franck, l' *Islamey* de Balakirew , les *Estampes* et *Images* de Debussy et les douze poèmes d' *Iberia* marqueront les sommets suprêmes de la musique pour piano depuis 1830. »

P. 82. « *Catalogne* » : Henry J. Wood dirigea une représentation à Londres, le 4 mars 1900.

P. 84. La tradition et souvent la nécessité ont poussé de nombreux compositeurs espagnols à quitter la péninsule pour faire carrière à l'étranger. Victoria est allée à Rome ; Arrieta à Milan; Albéniz, Valverde, de Falla (et combien d'autres !) à Paris. En effet, Paris est depuis peu le refuge de compositeurs espagnols ambitieux, reçus à bras ouverts par leurs confrères français et où leur musique est interprétée par Ricardo Viñes , le pianiste espagnol, et par J. Joachim Nin, le pianiste cubain. . Viñes , en effet, a été amicale envers les modernes de toutes les nations. Ses programmes embrassent des œuvres de Satie, Albéniz, Ravel… sans doute même de Léo Ornstein.

En conséquence, certains des auteurs de zarzuela restés chez eux ont produit une musique espagnole plus caractéristique que certains de leurs frères les plus ambitieux. L'une des raisons est expliquée par M. Underhill dans son essai sur la pièce espagnole en un acte : « Les Espagnols sont très exigeants sur ces choses (la stricte tradition espagnole sans influence étrangère). Ils insistent sur l'élément national, sur la perpétuation de formes d'expression indigènes, tant en matière de type littéraire et de convention que dans de simples questions de langage, peu d'écrivains de premier ordre appartenant à la génération passée ont échappé aux reproches sur ce point. le sol mais pour en goûter. Des exigences égales sont adressées aux écrivains de zarzuela. En conséquence, la zarzuela, bien que peu prise au sérieux ni par les musiciens ni par le public espagnols, et toujours, selon les pédants, dans une phase de décadence chancelante, peut être considérée comme la forme la plus nationale de l'art musical espagnol.

J'ai fait référence à Joaquín Valverde dans le texte et sa musique est devenue relativement familière aux Américains à travers *The Land of Joy* . José Serrano est un autre écrivain populaire de zarzuela. Son œuvre la plus connue est peut-être *El Mal de Amores* , dont les frères Quintero ont fourni le livre. La maison de Serrano est à Madrid où il appartient à *la tertulia de Benavente* . Au cours de la saison 1916-17, il organisa une compagnie chargée de présenter ses opéras et ses zarzuelas et mena une campagne en province. Il a particulièrement réussi à Valence. Son opéra en trois actes, *La Canción del Olvido* , a été joué pour la première fois lors de cette tournée. Il a récemment loué le Théâtre Zarzuela à Madrid et a continué à y donner ses propres œuvres et celles d'autres compositeurs, dont *La Llama* d'Usandizaga à titre posthume . D'autres œuvres de Serrano sont *La Reina Mora* (zarzuela en un acte, livre des Quinteros) et *La Canción del Soldado* .

Ici aussi, je pourrais citer Gerónimo Giménez, né à Séville. Enfant, il part à Cadix, étudie avec son père et chante à la cathédrale. À seize ans, il dirigea une représentation d'un opéra de Petrella à Gibraltar et devint par conséquent chef d'orchestre de plusieurs compagnies d'opéra italiennes en tournée en Espagne et au Portugal. La Province de Cadix lui accordant une pension pour études à l'étranger, il entre au Conservatoire de Paris auprès d'Ambroise Thomas. Il a également vécu un certain temps à Milan. De retour en Espagne, il fut engagé par Chapí , qui contrôlait alors le Teatro Apolo de Madrid, pour diriger l'orchestre lors de la production de son nouveau *El Milagro de la Virgen* . Plus tard, au Théâtre Zarzuela, il dirigea la première représentation de Chapí *La Bruja* . Plus tard encore, il succéda à Luigi Mancinelli comme chef d'orchestre de la Sociedad de Conciertos de Madrid ; il a occupé ce poste pendant douze ans. Il est membre de l'Academia de Bellas Artes et compositeur de *María del Pilar* et de nombreuses autres zarzuelas, dont *Las Panderetas* , *El Baile de Luis Alonso* , *La Tempranica* , *El Húsar de la Guardia* et *Cinematógrafo Nacional* .

Amédéo Vives

D'autres compositeurs légers pouvant être répertoriés sont Rafael Calleja, Enrique Brú, Alberto Foglietti , Pablo Luna, Vicente Lleó et Arturo Saco del Valle.

Collbato , est d'un caractère plus sérieux . À l'âge de 10 ans, il part à Barcelone pour étudier avec son frère, musicien dans une fanfare régimentaire. Il devient acolyte dans une église et ses premières compositions sont écrites sous l'influence de la musique d'orgue qu'il entend alors. De Barcelone, il s'est rendu à Malaga où il est devenu chef d'orchestre, et de là il est allé à Madrid où il a joué indifféremment dans les églises et les cafés, semble-t-il. Parfois, il en était même réduit à colporter dans les rues et à écrire des critiques musicales pour un journal de Barcelone. *Artús* (d'après une légende bretonne), produit à Barcelone en 1897, a établi sa renommée. Il fonda le célèbre Orfeó Catalá à Barcelone, dirigé ensuite par Millet, et ses chœurs d'hommes écrits pour cette organisation comptent parmi ses meilleures œuvres. La liste de ses opéras comprend *Don Lucas del Cigarral* , sa première tentative de zarzuela classique espagnole traditionnelle, produite à Madrid en 1899, *Enda d'Uriach* , pour laquelle Angel Guimerá a écrit le livre (Barcelone ; 1900) ; *Colomba* (Madrid; 1910); *Maruxa* , " égloga lyrique en 2 actos " (1914) et *Tabaré* (1914), et une trentaine de zarzuelas dont *El Tesoro* , *El Señor Pandolfo* et *Bohemios* .

Joaquín Larregla était originaire de la ville de montagne de Lumbier en Navarre espagnole. Après quelques études à Pampelune, il entre au Conservatoire de Madrid sous la direction de Zabalza et Arrieta. Il s'est fait un nom à la fois en tant que pianiste et compositeur. Il est surtout, selon Manuel Manrique de Lara, le compositeur de Navarre, ses œuvres « évoquant les paysages, les chants et les traditions de sa province ». Il est membre des Bellas Artes et professeur au Conservatoire. Ses œuvres incluent *Navarra Montañesca* , *Miguel Andrés* et *I Viva Navarra !*

La guerre, pourrait-on suggérer, a eu un effet des plus salutaires sur la musique espagnole, alors qu'elle a tué l'art tonal dans la plupart des autres pays. Elle a cependant repoussé les Espagnols dans leur propre pays et pourrait donc être directement responsable de la fondation d'une véritable école moderne de musique espagnole. L'un de ceux qui quittèrent Paris en 1914 fut Manuel de Falla, dont G. Jean-Aubry dit : « Aujourd'hui, il est la figure la plus marquante de l'école espagnole, demain il sera un compositeur de renommée européenne, tout comme Ravel ou Stravinsky."

Manuel de Falla est né à Cadix, le 23 novembre 1877. Il étudia l'harmonie avec Alejandro Odero et Enrique Broca ; plus tard, il se rend à Madrid où il étudie le piano avec José Trigo et la composition avec Felipe Pedrell . Il avait encore moins de quatorze ans lorsque l'Académie de Musique de Madrid lui décerna le premier prix pour son jeu de piano. Entre 1890 et 1904, il partage son temps entre la composition et le piano, tant comme soliste que dans la musique de chambre concertée. Les compositions de cette période n'ont cependant pas été publiées et on ne peut plus inciter de Falla à en parler. En 1907, il se rend à Paris où il reçoit dès le début un accueil chaleureux de la part de Paul Dukas. Debussy était également amical. Ses seules œuvres publiées à cette époque étaient *Quatres Pièces Espagnoles* : *Aragonesa* , *Cubana* , *Montañesa* et *Andaluza* , pour piano, et *Trois Mélodies* : *Les Colombes* , *Chinoiserie* et *Seguidille* , paroles de Théophile Gautier. En 1910, il fait ses débuts comme pianiste à Paris et l'année suivante à Londres....

Le 1er avril 1913, le Casino de Nice produit son premier opéra, *La Vida Breve* (qui dès 1905 avait remporté un prix à l'Académie des Beaux-Arts de Madrid) avec Lilian Grenville dans le rôle de Salud ; le 30 décembre 1913, l'œuvre est représentée à l'Opéra-Comique de Paris avec Marguerite Carré dans le rôle de Salud. La première représentation de ce drame lyrique en Espagne eut lieu au Teatro de la Zarzuela de Madrid, le 14 novembre 1914. *La Vida Breve* a été comparée à *la Cavalleria Rusticana* , « une *Cavalleria* écrite par un musicien accompli, pénétré d'un vif désir d'exprimer son pensées sans faire de concessions faciles à la foule."... L'orchestration a été chaleureusement saluée. "Dans le premier acte, il a lié les deux scènes par une admirable évocation de Grenade au crépuscule ; de faibles sons de voix s'élèvent de la ville lointaine et toute l'atmosphère est chargée de nonchalance, de parfum et d'amour."

Au début de la guerre, de Falla quitta la France pour son pays natal. Il lance *La Vida Breve* en Espagne avec un certain succès et le 15 avril 1915, son deuxième opéra, *El Amor Brujo* , est produit au Théâtre Lara de Madrid. Aubry nous dit que ce travail fut un échec. Cependant, le compositeur supprime les parties parlées et chantées, élargit l'orchestration et en fait une suite symphonique de style « semi-arabe ». Pastora Imperio a également utilisé cette musique pour ses danses.

les Nocturnes de Falla , produites à Madrid en 1916, l'œuvre orchestrale la plus importante jamais écrite par un Espagnol. Le titre espagnol se lit comme suit : *Noches en les Jardins d'Espagne* . Il y a trois parties décrites par ces sous-titres : *En el Généralife* , *Danse Lejana* et *En los Jardines de la Sierra de Córdoba* . Le piano joue un rôle important dans l'orchestration mais n'est jamais entendu seul. "Le matériau thématique est construit, comme dans *La Vida Breve* ou dans *El Amor Brujo,* sur des rythmes, des modes, des cadences ou des formes inspirés mais jamais empruntés à la chanson populaire andalouse."

Lors de la visite du Ballet russe en Espagne, Serge de Diaghilew s'intéressa tellement à l'œuvre de Falla qu'il lui commanda un ballet sur le thème du roman d'Alarcón, "El Sombrero de tres Picos".

Joaquín Turina est une autre figure importante de l'école moderne. Debussy a comparé son œuvre orchestrale, *La Procesión del Rocio* , à une fresque lumineuse. Dans un article du "The Musical Standard", du 6 janvier 1917, Guilhermina Suggia écrit : "Cette œuvre, composée en 1912 et dédiée à Enrique Fernández Arbós , représente une de ces saisissantes processions en l'honneur de la Bienheureuse Vierge Marie dont Richard Ford écrit d'une manière si pittoresque dans l'ancienne édition du « Manuel de l'Espagne » de Murray (1845). » Chaque année, au mois de juin, a lieu *la procesión del rocio* , et tous les grands de la ville de Séville sortent dans leurs calèches pour participer à la fête. Turina a également composé un opéra, *Fea y con Gracia* (1905), un quatuor à cordes et de nombreuses œuvres pour piano, parmi lesquelles on peut citer *Trois Danses. Andalouses* (*Petenera* , *Tango* et *Zapateado*), *Sevilla* , une suite, et *Recuerdos de mi rincón* (*Tragedia bande dessinée pour piano*).

José María Usandizaga , l'un des jeunes compositeurs les plus prometteurs, est décédé en 1915. Il est né en 1888 à Saint-Sébastien et est donc décédé à l'âge de 27 ans, un an après la production avec succès de son opéra *Las Golindrinas* à Madrid (4 février 1914) avec le ténor Sagi-Barba dans le rôle principal . Usandizaga était un homme au physique extrêmement fragile, faible et boiteux, et il est mort de tuberculose. Il fut, je crois, l'élève de Vincent d'Indy . Son opéra posthume, *La Llama* , fut produit à Saint-Sébastien et à Madrid au cours de l'hiver 1917-18. Gregorio Martínez Sierra, l'un des écrivains les plus marquants de la jeune génération, a fourni les livres de ses deux opéras.

Enrique (plus correctement Enrich ou Enric ; Enrique est la forme castillane de ce nom catalan) Morera est peut-être le principal compositeur catalan. Il est surtout connu pour ses arrangements choraux de chansons folkloriques, dont certaines ont été entendues à New York par l'intermédiaire de la Schola Cantorum, mais il a écrit de la musique pour les pièces de Guimerá et un drame lyrique intitulé *L'Alegría que passa.* , dont le livre a été fourni par Santiago Rusiñol .

Conrado del Campo a écrit une *Divina Comedia* pour orchestre et Bartolomé Pérez Casas une *Suite Murcienne* que G. Jean-Aubry inclut dans une liste de musique orchestrale espagnole moderne. Pérez Casas est actuellement chef d'orchestre de l'Orchestre Philharmonique de Madrid. Lui et Turina dirigeèrent l'orchestre du Ballet russe lors de la visite de cette organisation à Madrid en mai 1918.

J'ai les très jolies *Impressions Musicales* pour piano d'Oscar Esplá . Le sous-titre est *Cuentos Enfants ; composition écrit en 1905 pour une fête des enfants* . Il y a cinq parties intitulées respectivement *En el Hogar* , *Barba Azul* , *Caperucita Roja* , *Cenicienta* et *Antaño* . Cette musique n'est pas très espagnole ; en effet cela me rappelle fortement la musique de Rebikof .

R. Villar a écrit de nombreuses pièces pour piano, dont *Páginas Románticos* , *Nereida* , *Foot-Ball* , plusieurs chansons et pièces pour violon et piano et violoncelle et piano. V. Costa y Nogueras est le compositeur de *Flor de Almendro* (1901), *Inés de Castro* (1905) et *Valieri* (1906). J. Gómez est le compositeur d'une *Suite en la* pour orchestre arrangée pour piano. Il comprend *Prelude* , *Intermezzo* , *Popular Song* et *Finale-Dance* .

<u>P. 85.</u> « peut-être le premier des compositeurs espagnols importants à visiter l'Amérique du Nord » : Albéniz est arrivé aux États-Unis comme pianiste dans les années soixante-dix, alors qu'il avait une quinzaine d'années.